AF346586

LE DÉCAMÉRON

DU

SALON DE PEINTURE

PAR EDM. ABOUT

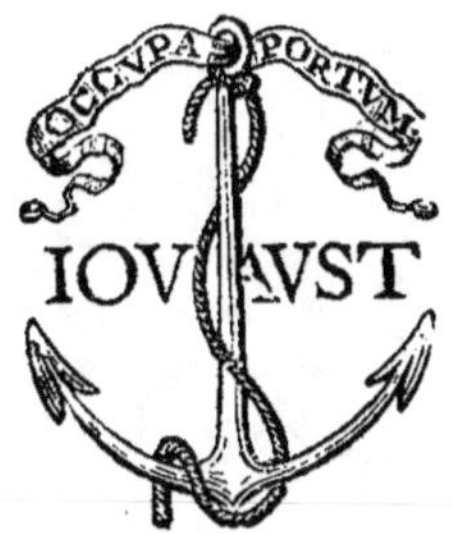

PARIS

LIBRAIRIE DES BIBLIOPHILES

Rue Saint-Honoré, 338

—

M DCCC LXXXI

LE DÉCAMÉRON

DU

SALON DE PEINTURE

LE DÉCAMÉRON

DU

SALON DE PEINTURE

POUR L'ANNÉE 1881

PAR

EDMOND ABOUT

AVEC DIX DESSINS ORIGINAUX

REPRODUITS EN FAC-SIMILÉ

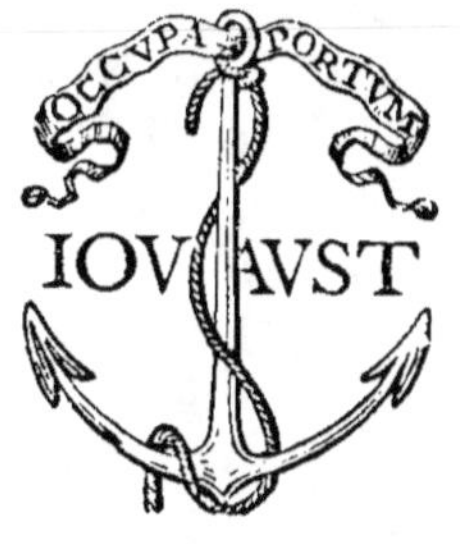

PARIS

LIBRAIRIE DES BIBLIOPHILES

Rue Saint-Honoré, 338

—

M DCCC LXXXI

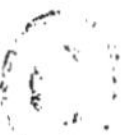

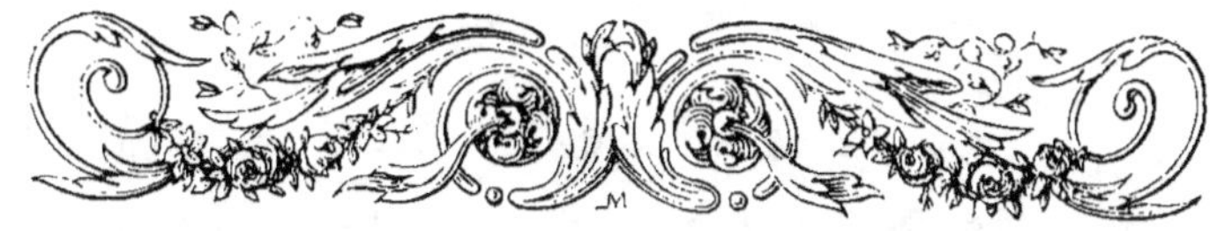

AVERTISSEMENT

OUS avons souvent entendu exprimer le regret que les excellents articles sur le Salon de peinture donnés tous les ans par M. Edmond About dans le *XIXe Siècle* n'eussent que l'existence éphémère de tout ce qui paraît dans un journal. Aussi croyons-nous répondre au vœu d'un grand nombre de personnes en commençant cette année à les réunir en un volume.

Les articles de M. Edmond About étant au nombre de dix, et correspondant à un nombre égal de visites faites à l'Exposition, nous avons imaginé de donner à notre livre le titre de *Décaméron du Salon de peinture*. Il nous a semblé aussi que ce titre, qui rappelle un des plus charmants conteurs, était en parfaite harmonie avec le style vif et animé des aimables causeries artistiques que nous reproduisons aujourd'hui.

Nous avons trouvé intéressant de donner, pour chaque journée de notre *Décaméron*, un dessin à la plume représentant l'un des tableaux qui s'y trouvent le plus mis en évidence. Ces dessins, faits par les artistes eux-mêmes, sont exactement reproduits par le procédé héliographique.

Nous avons aussi voulu que le volume, d'une lecture si attrayante, fût aussi rendu d'une lecture facile par la netteté et l'élégance de l'exécution typographique, et que, grâce aux soins de tout genre que nous lui avons donnés, il offrît en même temps aux amateurs et aux lettrés le plaisir de l'esprit et le plaisir des yeux.

On nous reprochera peut-être de n'avoir pas fait notre publication à une époque plus rapprochée de la fermeture du Salon. Notre intérêt, conforme à notre désir, nous engageait certainement à la donner plus tôt; mais les articles que nous réunissons ici ont paru à de longs intervalles; puis il nous a fallu un certain temps pour nous procurer les dessins des différents artistes, et, voyant que nous ne pourrions être prêts que pour le commencement de septembre, nous avons mieux aimé attendre le mois d'octobre, pour faire paraître notre volume au moment où les publications de la librairie commencent à reprendre leur cours.

On nous demandera sans doute aussi pourquoi notre *Décaméron* n'a pas accordé une ou deux journées à la sculpture. Notre réponse est bien facile, M. About ayant été absolument empêché de faire les articles relatifs à cette partie de l'Exposition. Il n'y a aucune exclusion de notre part, et, comme il ne nous paraît pas douteux que l'accueil fait cette année à notre publication nous engage à la continuer, nous espérons bien pouvoir, l'année prochaine, réunir la peinture et la sculpture, que nous estimons avoir un droit égal à l'attention des amateurs.

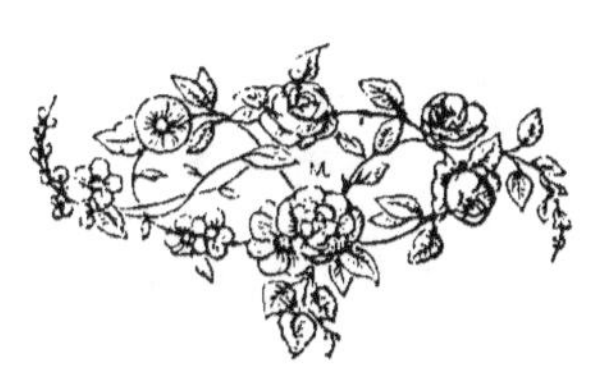

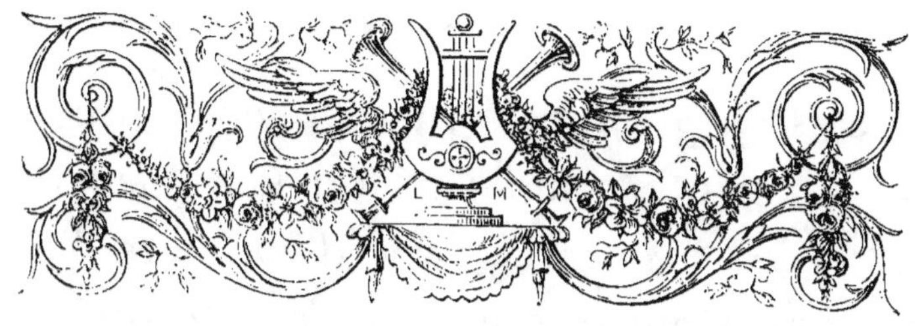

PROLOGUE

LES critiques seraient les plus heureux mortels de ce bas monde s'ils n'avaient, comme les parrains, que des dragées à semer sur leur route. A mon très grand regret, il n'en va pas toujours ainsi, et j'ai grand'peur que le devoir professionnel ne m'entraîne à bénir quelquefois nos artistes avec un goupillon taillé en férule. C'est pourquoi je veux me donner aujourd'hui un plaisir sans mélange, en confondant, si vous le permettez, dans une louange générale tous ceux qui ont pris part à cette exposition.

1.

C'est la première fois, dans notre histoire, que les artistes sont invités à conduire leurs affaires eux-mêmes, en vertu d'une sorte d'Édit de Nantes qui leur permet de créer un État dans l'État.

L'honneur de cette révolution pacifique revient légitimement à deux hommes qui ont fait preuve du détachement le plus méritoire en abdiquant une notable part de leurs droits.

L'ancien régime, le seul que nous ayons connu, était devenu à peu près intolérable. Sous l'autorité nominale du ministre de l'instruction publique et des beaux-arts, à la barbe d'un sous-secrétaire d'État très compétent, très bienveillant, libéral entre tous les députés de la gauche républicaine, une espèce de coterie irresponsable organisait les expositions, admettait ou repoussait les ouvrages, distribuait la place et la lumière et disposait des récompenses. Il ne restait qu'un dernier pas à faire pour qu'une demi-douzaine de particuliers, étroitement unis entre eux, prissent la place du ministre à l'heure des décorations et au quart d'heure de Rabelais, c'est-à-dire des acquisi-

tions et des commandes. L'introduction du suffrage universel, qui vaut son pesant d'or en
démocratie, dans un monde essentiellement
aristocratique menaçait d'abaisser au dernier
degré le niveau de l'art et de transformer les
salons en halles aux légumes et en marchés à
la volaille. Un jury élu, où les représentants
de l'administration, minorité écrasée d'avance,
ne protestait que pour la forme, se donnait le
malin plaisir d'admettre les ouvrages les plus
nuls et les plus scandaleux. On a vu l'an dernier une véritable inondation de tableaux reçus
intrépidement par des juges qui n'avaient rien
à craindre de l'opinion publique et qui ne sa-
vaient rien refuser à leurs électeurs.

Il s'éleva une protestation énergique, un cri
violent dans le monde des connaisseurs, et
même, laissez-moi le dire, une révolte patriotique; car nos expositions annuelles, jalousées
par Londres, Rome et Berlin, ne sont pas rien
dans notre gloire.

M. Jules Ferry et son digne collaborateur,
M. Turquet, jugèrent qu'il était temps d'avi-
ser; ils réunirent le conseil supérieur des beaux-

arts. J'ai l'honneur d'en faire partie, et quoique nos débats n'aient rien à craindre du grand jour, je ne crois ni nécessaire ni opportun de les résumer ici. La seule chose à rappeler, c'est qu'il y eut longtemps deux doctrines en présence. Au sein de cette assemblée qui comptait une centaine d'hommes choisis dans l'élite des professions libérales, les uns étaient d'avis que le gouvernement reprît la haute main sur les expositions annuelles; les autres lui conseillaient de se désintéresser de tout, de tenter une expérience radicale et de confier aux artistes l'absolue direction de leurs affaires.

C'est le dernier système qui prévalut. On réserva seulement au profit de la puissance publique l'honneur d'organiser tous les quatre ans une exposition de choix dont il serait l'organisateur et le patron responsable. En attendant cette seconde expérience, dont vous serez les juges en 1882, le Ministère de l'instruction publique et des beaux-arts attesta non seulement sa bonne foi et sa bonne volonté, mais encore sa bonne humeur par une vraie débauche de sacrifices. Il livra à la Société des artistes les salles du palais de l'Industrie; il lui prêta le personnel si intelligent et si honorable de ses gardiens; il donna une subvention, il céda même le droit quasi régalien de frapper médaille.

Et voyez comme le bien jaillit naturellement du bien : ces artistes qu'on émancipait sans préparation, presque sans avis préalable, se sont élevés en un jour au niveau de leurs droits et de leurs devoirs. Autant on les avait vus, l'an dernier, enclins à mettre l'administration dans l'embarras, autant ils ont montré de bonne grâce à limiter leurs choix et à faire bonne police. En 1880, ils trouvaient très spirituel de recevoir 5,000 tableaux, sans savoir où M. Turquet et ses excellents employés pourraient les pendre, peut-être même heureux d'assister au débordement ridicule d'un flot de toile peinte qui menaçait l'Arc de l'Étoile après avoir rempli les galeries latérales. C'est que l'administration, impuissante et désarmée, mais visible, était responsable de tout. Aujourd'hui qu'ils sont responsables, ils sont sages, ils sont justes, ils sont exemplaires ; ils font comme un jeune homme de ma connaissance, qui courait le guilledou à vingt-cinq ans et dévorait à bouche que veux-tu le fruit du travail de son père, et qui devint en un seul jour de deuil le plus rangé, le plus sage et le plus économe des négociants de Paris.

Voilà pourquoi je suis heureux de réunir aujourd'hui dans un sincère éloge le ministre des beaux-arts, le sous-secrétaire d'État et leurs sujets émancipés, mais d'autant plus rangés, messieurs les artistes français.

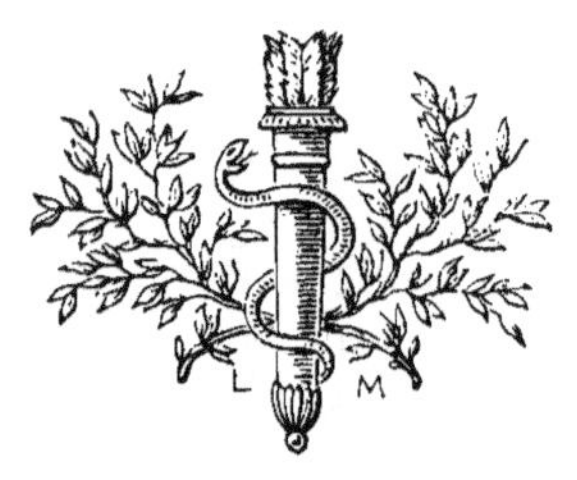

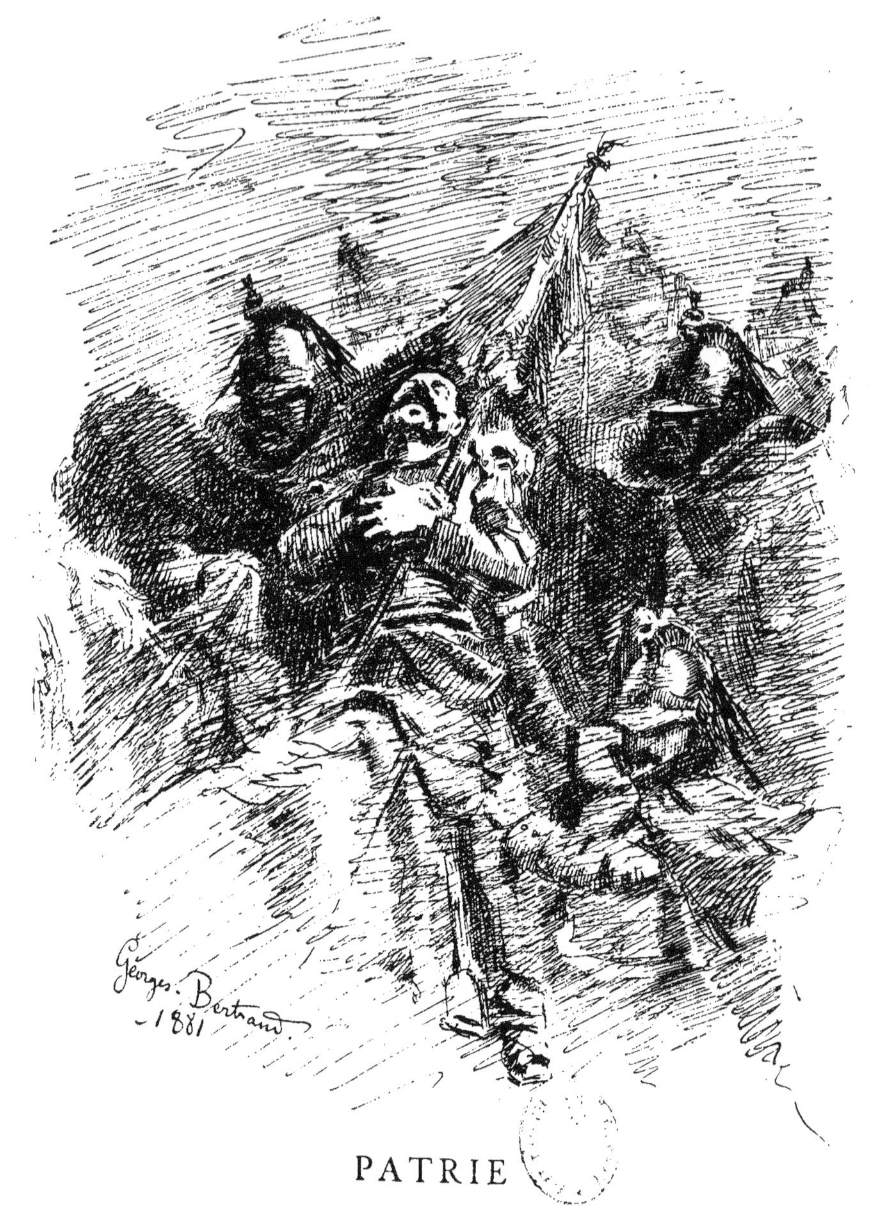

PATRIE

PAR GEORGES BERTRAND

(Milieu du tableau.)

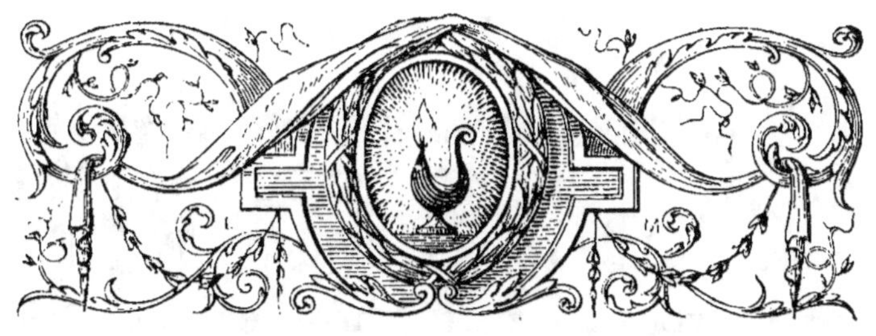

PREMIÈRE JOURNÉE

Peinture d'histoire et Peinture décorative.

———

MM. PAUL BAUDRY, GEORGES BERTRAND,
FRANÇOIS FLAMENG, DETAILLE.

E jury électif, à qui l'on ne peut reprocher cette année ni une injustice flagrante ni un seul acte de faiblesse scandaleuse, s'est honoré lui-même en donnant la plus belle place de l'Exposition à la grande toile de Paul Baudry. Ce grand peintre d'histoire et ce décorateur incomparable n'a jamais été mieux inspiré que dans

son dernier ouvrage ; *la Glorification de la
Loi* égale et peut-être surpasse les meilleurs
morceaux du foyer de l'Opéra. Régalons-
nous les yeux de cette chose exquise avant
qu'elle soit mise en place dans un coin du
Palais de justice, où personne ne la verra.
L'artiste a un peu plus de littérature et de
philosophie qu'on n'en trouve habituellement
chez un peintre ; avant de prendre le fusain
il médite, raisonne et combine longuement
ses allégories. Rien n'est pensé à la légère,
rien n'est abandonné au hasard, dans cette
composition où la Loi est contemplée par la
Jurisprudence, couronnée par la Justice et
l'Équité, et flanquée de l'Autorité et de la
Force qui protège l'Innocence. Le plus ex-
pert ratiocinateur du moyen âge confesserait
qu'on ne peut rien ajouter à cet ensemble
fortement conçu et qu'on n'en peut rien ôter,
pas même le magistrat, qui fait une tache
excellente avec sa robe rouge, et qui d'ailleurs est encore inamovible.

Mais, s'il faut que le peintre ne soit pas
un simple exécutant, un pianiste ferré sur la

gamme, celui qui s'égarerait dans sa rêvas-
serie au point d'en perdre le dessin et la
couleur dégénérerait promptement en Puvis
de Chavannes. Ce que j'admire dans Baudry,
c'est qu'après avoir pensé tout son soûl, il se
jette à peindre, il se plonge dans les formes
et les couleurs comme un poulain nor-
mand dans la grande herbe d'un pré, et s'en
délecte plus qu'une bête. Persuadé que la
peinture est faite pour charmer les yeux
comme la musique pour enivrer les oreilles,
il ne se fait aucun scrupule de rajeunir et
d'illuminer la vénérable Thémis. Le père
Alaux, qui était un digne homme et un grand
peintre de perruques, n'aurait jamais trouvé
dans son vieux fonds de boutique assez de
parchemin pour modeler la Loi, l'Équité, la
Justice, la Jurisprudence et le reste. Et,
pour corroborer le sérieux de ses figures, il
leur eût plaqué sur le dos des draperies de
fer battu. Baudry sent et raisonne autrement.
Ayant à peindre deux figures aériennes, il
se dit qu'elles ne seront jamais trop sveltes,
trop élégantes, trop légères, et qu'on ne sau-

rait vêtir ces charmants volatiles d'un tissu trop souple et trop brillant. La Loi, qui trône en robe blanche au milieu du plafond, ne ressemble que de très loin à celle que les Romains appelaient *rem surdam, inexorabilem.* Non certes, elle n'est ni sourde ni inexorable, mais elle n'en est pas moins grande dame, à sa façon. Et l'artiste, pour nous prouver qu'on peut avoir du caractère sans en fourrer partout, nous offre un magnifique échantillon de grandeur dans la personne de l'Autorité, si noblement drapée. Maintenant voulez-vous de la vigueur? En voilà. Regardez la tête, le torse et le bras de cette divinité robuste qui a pris un lion pour coussin. J'ai gardé pour la bonne bouche le bel enfant qui symbolise l'Innocence et qui dort, sans autre vêtement que sa couleur corrégienne, dans un audacieux et savant raccourci.

Le nom du Corrège nous vient inévitablement au bout de la plume devant les nus de Baudry; mais en présence d'une composition si vaste et si éclatante, comment ne penserait-on pas à la bibliothèque du palais des Doges, au Triomphe de Venise et à ce grand Paul Véronèse, que notre Paul, à nous, rappelle si souvent sans le copier ni l'imiter?

La médaille d'honneur sera donnée pour la première fois en 1881 par le suffrage universel des peintres. Baudry ne l'a jamais obtenue, quoiqu'il l'ait méritée de temps en temps.

Trois grandes toiles d'une valeur inégale, mais incontestable, occupent les autres parois du salon carré.

Commençons par le tableau de M. Georges Bertrand, *Patrie*. Il faut faire les honneurs de la maison aux nouveaux arrivés.

Le premier coup d'œil est bon, l'ensemble est grandiose, le groupe de cuirassiers se compose bien et ne manque pas d'une certaine maestria. Voilà un beau début, qui nous rappelle malgré nous celui d'un vaillant peintre, mort trop tôt, le pauvre Régamey.

La logique, qui ne perd jamais ses droits, aurait beaucoup à dire, et je n'ai pas besoin de réunir un conseil de guerre pour prouver au jeune artiste que son drame *n'est pas arrivé*. Il nous montre un peloton, peut-être même un escadron de cuirassiers qui porte en terre son drapeau. Le sous-lieutenant porte-enseigne a été mortellement frappé, il a rendu l'âme en serrant l'étendard sur sa poitrine. On le soutient sur son cheval, que deux cavaliers à pied conduisent par la bride. Cette mise en scène est pittoresque, elle est dramatique, elle n'a pas le sens commun. Lorsqu'un porte-drapeau est tué, comme la chose ne se passe pas dans une revue, mais dans une bataille, le régiment ne s'occupe point de l'homme qui a payé sa dette à la patrie; il ne pense qu'au drapeau. On le relève, on le remet dans d'autres mains, aussi fidèles et aussi héroïques, et chacun se met en devoir de le défendre. L'ennemi aurait trop beau jeu s'il suffisait de tuer un porte-enseigne pour provoquer la formation d'un cortège mélancolique et sans défense comme celui que M. Bertrand fait défiler sous nos yeux.

Mais, ces réserves faites, il ne me reste plus qu'à féliciter le jeune artiste sur l'équilibre de sa composition, l'harmonie générale du tableau et l'exécution très remarquable des détails. Peut-être les types militaires manquent-ils d'originalité, mais le terrain est excellent ; le cuir, le drap, le poil et la sueur des chevaux, tout ce qui est nature morte est rendu par un véritable peintre.

M. François Flameng, autre jeune homme, est peintre aussi ; on lui en a signé le brevet l'année dernière, et je dois dire qu'il a fait de grands progrès depuis un an. A l'encontre du Dieu des Juifs, qui créa d'abord la lumière et fit ensuite le soleil, M. Flameng n'a pas encore trouvé le jour naturel, ce milieu égal, limpide et sain dans lequel nous vivons depuis l'aurore jusqu'au crépuscule. Ce qui frappe d'abord les regardants, et même en irrite plus d'un, dans cette grande toile des *Vainqueurs de la Bastille*, c'est un parti pris de lumière artificielle, un effet d'électricité, une coloration d'apothéose, je ne sais quoi qui rappelle le dernier tableau des féeries du Châtelet ou de la Porte-Saint-Martin. Ajoutez à cela une bizarrerie assurément voulue dans l'exécution des costumes, qui semblent tous taillés dans une même pièce de drap. Mais en revanche on n'a pas souvent l'occasion de passer une demi-heure devant un tableau si intéressant, si vivant, si dramatique, peuplé de physionomies parlantes, bourré d'épisodes divers et bien composés. M. Flameng est un vrai disciple de l'école française, qui brille surtout par l'invention et l'expression. Il a merveilleusement rendu dans ce tableau l'esprit de la légende, la physionomie du temps. Et un très bon morceau de nu, le torse du vieillard aveugle, élève ici le genre historique à la hauteur de la peinture d'histoire.

M. Detaille a laissé volontairement quelques-unes de ses qualités à la porte de l'atelier le jour où il s'est fourvoyé dans la peinture officielle. La *Distribution des drapeaux* manque un peu de cette variété et de cette richesse d'effets qui surabonde et déborde dans l'œuvre de M. Flameng. L'éclairage est

ici d'une justesse irréprochable, mais un peu
triste et monotone. Je sais bien que les mâts
de pavillon, les tentures de Belloir et les ar-
chitectures de toile peinte sont des motifs
médiocrement pittoresques ; cependant Isa-
bey, Eugène Lamy et quelques autres en ont
tiré meilleur parti. M. Detaille, qui n'est inférieur à personne, sauf Meissonier, s'est
gêné lui-même, il s'est guindé, il a mis un
faux-col trop haut. Je vous demande un peu
ce qu'un talent si vif et si pétulant allait
faire dans cette solennité ! On ne se représente pas ce joli Parisien, plein d'humour,
disant aux trois présidents, aux Chambres et
à l'armée le mot sacramentel du photogra-
phe : Ne bougeons plus !

Somme toute, il a fait un tableau très
bien, ce qui ne veut pas dire un chef-d'œuvre : beaucoup de chevaux dessinés dans la
perfection, tout un peuple de portraits fort
ressemblants : le président de la République,
Gambetta, M. de Freycinet, M. Victor Gui-
chard, le colonel Langlois, M. Jules Ferry,
M. Madier de Montjau tendant l'oreille

comme il fait d'habitude au pied de la tribune ; le général Pittié, le maréchal Canrobert, M. de Cissey tout somnolent sur son cheval, et M. de Gailiffet tout en l'air. Le paysage est très juste, très vrai ; le ciel, écrasé de chaleur et saturé de poussière, me rappelle la soif horrible dont j'ai souffert ce jour-là. Quelle dépense de talent ! ou plutôt que de talent jeté par les fenêtres ! Vingt artistes étaient capables de couvrir cette toile officielle ; un seul peut faire les chefs-d'œuvre que vous savez. J'aimerais mieux, et vous aussi, le demi-quart d'un petit Detaille de tous les jours que tout ce grand Detaille des dimanches.

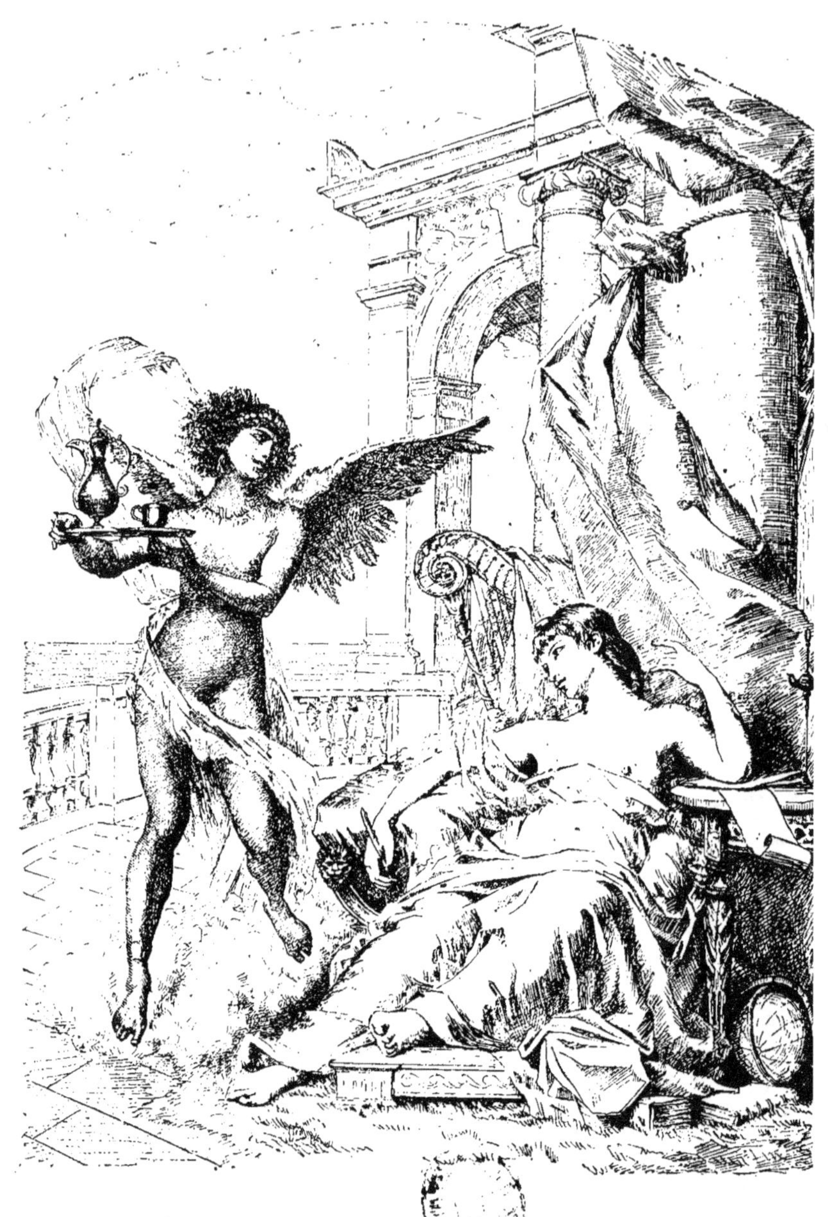

LE CAFÉ VIENT AU SECOURS DE LA MUSE

PAR ROUFFIO

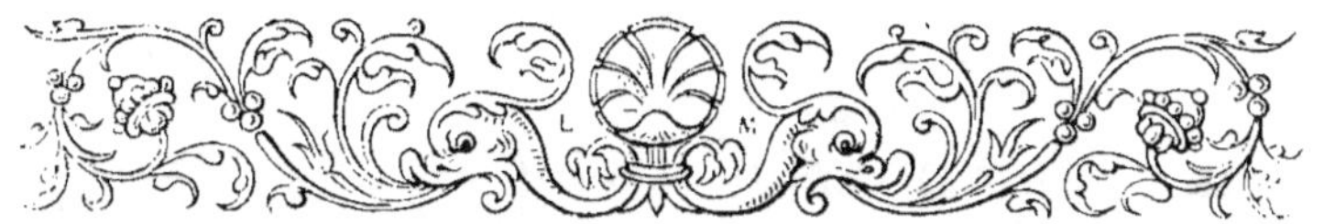

DEUXIÈME JOURNÉE

Peinture d'histoire et Peinture décorative.

(Suite.)

MM. JACQUES WAGREZ, DAUX, RUEL, DUPAIN, ROUFFIO, H. DE CALLIAS, PUVIS DE CHAVANNES, CHARLES CAZIN.

ON devine, au premier coup d'œil, que le *Cherubini* d'Ingres a inspiré à M. Jacques Wagrez sa composition d'*Hésiode* couronné par la Muse. Mais, comme Cherubini était vieux et comme il ne s'appelait pas Auber, Ingres devait logiquement le faire couronner par une Muse drapée.

M. Jacques Wagrez s'est donné plus

3

beau jeu en prenant Hésiode à l'âge de vingt
ans. Un poète jeune, bien fait, modelé de la
tête aux pieds par les exercices du gymnase,
peut se montrer aux yeux dans sa beauté
plastique, tel que la nature et l'exercice l'ont
fait. Et la Muse n'a pas besoin de mettre des
gants à douze boutons pour lui dire :

> Poète, prends ton luth et me donne un baiser.

Pour les poètes de vingt ans, la Muse a
mieux que des palmes et des couronnes ; elle
est à la fois déesse, prêtresse et maîtresse. La
Fontaine le dit fort bien :

> Si j'avais en naissant reçu de Calliope
> Les dons qu'à ses amants cette Muse a promis...

Voilà pourquoi la Muse d'Hésiode n'est
vêtue que de sa chaste et gracile beauté.

Le chantre des *Travaux* et des *Jours*, assis
sur un rocher, tient sa lyre de la main gauche et appuie sa tête sur la droite ; il suit de
son regard pensif un attelage de bœufs au
labour. Debout auprès de lui, la Muse aux
ailes éployées suspend une couronne d'or au-
dessus de sa tête. Un ciel clair et quelques

frontons de montagnes à l'horizon montrent que nous sommes en Grèce. Toutes les lignes du groupe sont élégantes, le dessin en est pur, le modelé un peu simplifié, comme il convient dans une peinture décorative. Ce qui manque un peu dans cette œuvre uniformément lumineuse, c'est la couleur. M. Wagrez en avait un peu abusé dans ses premiers tableaux : on dirait qu'après cet excès il s'est repenti, qu'il a juré de se mettre au régime. Mais nous savons ce que valent ces serments-là.

Vous trouverez les mêmes qualités et le même défaut, moins sensible pourtant, dans cette jolie figure d'*Eros*. Le dieu gamin s'est perché comme un oiseau sur le coin d'un petit monument, autel ou pylône, pas bien haut, puisque les branches d'un pommier voisin arrivent au sommet. De ce poste admirablement choisi pour la chasse, il a visé quelque malheureux cœur de fille ou de garçon, là-bas, dans cette petite ville aux toits plats qui s'élève en amphithéâtre au bord de la mer.

Avec quelle attention malicieuse il suit son coup! Tout rit en lui; le modelé lui-même est frétillant et gai. Ce n'est pas l'Amour tout-puissant, mystique et panthéiste de la théogonie antique, ni même le dieu féroce, implacable, qui sévit dans les tragédies. C'est le méchant bambin dont La Fontaine a peint la grimace dans une imitation d'Anacréon :

> L'Amour fit une gambade,
> Et le petit scélérat
> Me dit : « Pauvre camarade !
> Mon arc est en bon état,
> Mais ton cœur est bien malade.

M. Daux, élève de M. Cabanel et du Japon, a jeté sur la toile une petite figure décorative qu'on pourrait appeler la *cigale* des boulevards extérieurs. C'est un type de modèle parisien, coiffé à la chien et fagoté à la diable, mais pas laid et largement traité dans les nus.

Beaucoup de vigueur et d'éclat dans les accessoires, l'autel, le laurier-rose, la robe, les pavots. Mais pas un centimètre d'horizon ; toutes ces natures mortes et le modèle lui-même ont l'air de découpures collées sur un papier couleur de ciel.

Le tableau décoratif de M. Ruel, *l'Odorat,* se compose bien et attire le spectateur par un choix d'objets agréables.

La jeune femme, l'enfant, l'oranger en fleur, forment un groupe à souhait pour le régal des yeux. Les deux têtes surtout sont jolies ; le corps de femme est traité malheureusement comme une étude d'après nature, c'est-à-dire dans un esprit aussi peu décoratif que possible, et les reflets verdâtres gâtent les jambes de l'enfant. C'est un effet peut-être juste, mais déplacé ici. Le terrain est trop mou, si mou que l'oranger semble planté dans un nuage.

Dans *le Printemps* de M. Dupain, je constate d'abord une idée ingénieuse : c'est le Printemps chassant l'Hiver, et l'Hiver n'y est pas.

L'artiste nous a fait grâce de cette figure refrognée, qu'un vol de corbeaux en déroute symbolise suffisamment. Dans la moitié supérieure du tableau, la jolie tête du Printemps, accompagnée d'une draperie rose, de colombes et de papillons, fait merveille. Le ventre, souvenir mélancolique d'un modèle un peu fatigué, commence une dégringolade qui se continue par les jambes, par l'enfant, les fleurs, les terrains, les montagnes : tout cela est mauvais et brouillé. *Desinit in piscem*, et c'est grand dommage.

Un jeune homme qui, depuis quelques années, a fait son nom comme peintre d'histoire, M. Rouffio, expose un panneau décoratif dont la place est marquée d'avance, à Paris, dans quelque riche salle à manger. *Le café vient au secours de la Muse*, tel est le thème de M. Rouffio ; il reste trois places à prendre, trois panneaux à remplir par le *Thé*, le *Chocolat*, le *Vin*, et qui sait ? Peut-être un architecte hospitalier ménagera-t-il deux petits coins pour le curaçao et l'anisette. Je n'y verrais aucun mal, car le premier feuilleton de l'artiste promet une suite charmante dans le prochain numéro. Sa *Muse* est une belle personne, richement étoffée, et qui, si elle a un peu abusé de ses forces en dictant cinq actes de tragédie éloquente à M. de Bornier, s'éveillerait au premier chatouillement de la plume pour inspirer un nouveau chef-d'œuvre en trois actes à notre ami Édouard Pailleron. Le lutin basané qui représente ici la boisson aimée de Voltaire est un petit personnage vif et brillant, grillé juste à point et d'un arome irréprochable. Me préservent les dieux de lui chercher une querelle d'Allemand ! Il me répondrait sans mentir que l'Allemagne et lui n'ont rien de commun et qu'au delà du Rhin l'on ne connaît que la chicorée. Cependant j'ai peine à comprendre pourquoi la Muse, être divin, est assise dans un vrai fauteuil et pose ses pieds sur le sol, tandis que le Café, personnage colonial, mais réel et vivant dans une familiarité étroite avec l'épicier du coin, marche sur les nuages. Il faut que la critique soit clémente au peuple aristocratique et de moins en moins nombreux des décorateurs. Gardons-nous de décourager ces derniers

représentants d'un bel art qui s'en va! Je ne
veux même pas reprocher à M. Horace de
Callias le type de sa Danaé trop moderne,
si moderne qu'on cherche d'instinct, sur les
pièces d'or qui lui font un sommier plus riche que confortable, l'effigie de Louis-Phi-
lippe ou de Napoléon III.

Les bonnes intentions dont M. Puvis de
Chavannes est pavé, comme l'enfer, m'inter-
disent de juger sévèrement son *Pauvre Pêcheur* priant pour lui-même (*ora pro nobis
piscatoribus*) et demandant un poisson à la
mer comme un gueux nous demande un sou.
Certes la volonté de faire grand est perma-
nente chez cet artiste de beaucoup de style
et de peu d'orthographe. Nous lui devons
donc le respect, même lorsqu'une erreur la-
borieuse en fait un caricaturiste solennel et
convaincu. Lui seul peut-être est en état de
remplir le programme académique qui di-
sait aux élèves de l'École: « Vous interpré-
terez selon vos facultés le vers célèbre de
Racine, en représentant Hippolyte sans forme et sans couleur. » Il a gagné le prix, il

l'a gagné trois fois en un seul jour, car le pauvre pêcheur, sa pauvre femme et son pauvre enfant hydropique remplissent à qui mieux mieux les conditions imposées. Je m'incline et je passe, et du diable si j'y repasse !

Mais je repasserai probablement plus d'une fois devant le *Souvenir de fête*, cette œuvre étrange et inquiétante de M. Cazin.

M. Charles Cazin, esprit rêveur et concentré, me fait songer à cette jolie femme qui, passant auprès du Vésuve, avait attrapé une éruption. L'illumination du 14 juillet 1880 l'a un moment illuminé. Il a jeté sur une vaste toile des impressions étranges, mais profondes et sérieusement pittoresques, qui ne pouvaient frapper que lui. Patriote sincère, penseur profond, artiste consommé sinon complet, il a traduit à sa manière les sentiments que nous avons tous éprouvés l'année dernière à l'extinction des feux officiels. Quelque chose lui est apparu dans la fumée et la poussière. Il a vu de ses yeux les forces invisibles qui poursuivent sans bruit la reconstruction de l'édifice national : la

science, le travail, le courage militaire, et il
les a jetées sur la toile en les drapant sans ordre et au hasard dans les trois couleurs du
drapeau. Et, comme un primitif, il leur a
donné à chacune sa petite légende en lettres
d'or. Et comme il lui restait une légende à
placer, *Concordia*, il l'a tout bonnement
écrite dans son ciel, auprès des feux épars
d'une chandelle romaine. Et, tandis qu'il
était en veine de fantaisie, il a suspendu à la
droite et à la gauche de son tableau deux
longues et lourdes guirlandes, qu'un autre,
moins naïf, eût laissées aux bons soins de
l'encadreur. Ajoutez à cela tout un monde
de dômes illuminés, de lampions à demi
éteints; tout un océan de chaleur, de poussière, de bruit visible, de clameurs égarées
dans les vibrations de l'air. Au total, M. Ch.
Cazin a-t-il fait un tableau ? Non. Et pourtant
c'est l'œuvre d'un peintre en même temps
que l'acte d'un citoyen. C'est tout ce qu'il
vous plaira excepté une chose indifférente. Il
y a là un grain de déraison et pas un atome
de médiocrité. J'en parle depuis cinq minutes

sans pouvoir formuler un jugement précis.
Il me semble que M. Charles Cazin vient
d'introduire un élément nouveau dans l'école
française; et pourtant, s'il faisait école, je ne
ne serais pas rassuré.

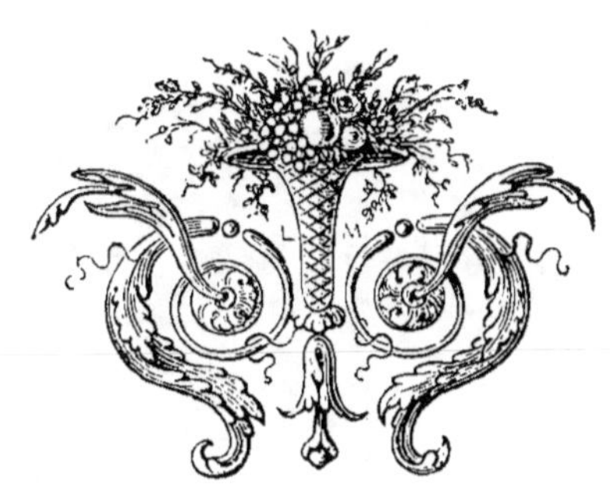

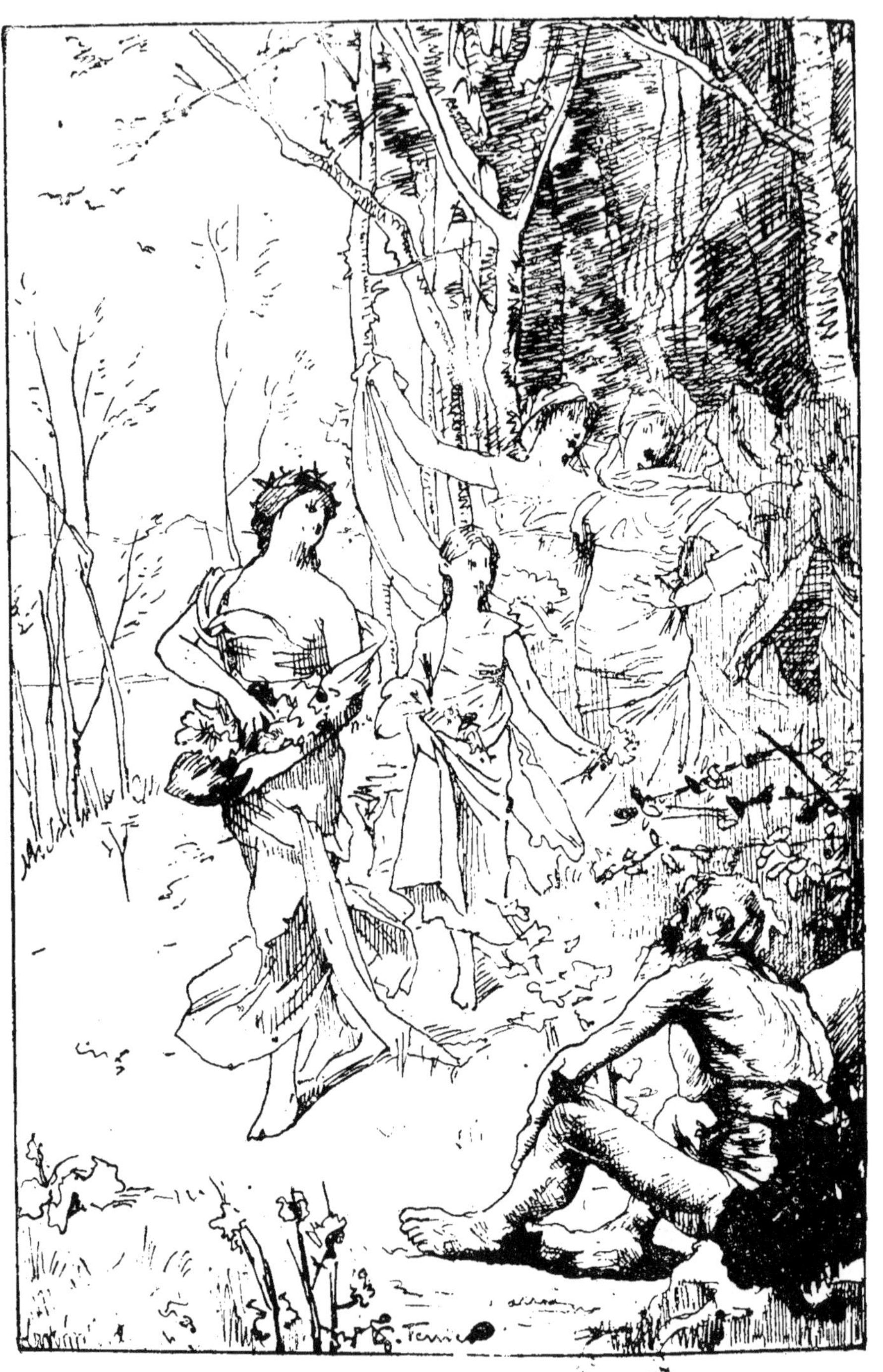

PRINTEMPS

PAR G. FERRIER

TROISIÈME JOURNÉE

Peinture d'histoire et Peinture décorative.

(Suite.)

MM. PAUL-JOSEPH BLANC, MAZEROLLE,
PROTAIS, FERRIER, LE LIÈVRE.

I l'art décoratif fleurit moins richement en France sous la présidence
de M. Jules Grévy qu'en Italie
sous le règne de Léon X, nous ne pouvons
nous en prendre ni au gouvernement, ni aux
municipalités, ni aux fabriques, ni même aux
simples citoyens.

On construit ou l'on rebâtit des palais, on
élève des théâtres, on remet à neuf des
églises, on restaure des ministères, on pare

les mairies comme des mariées; la spéculation entreprend des auberges magnifiques, elle y prodigue l'or, le marbre et la couleur; plus d'un particulier, dans son hôtel, voudrait bien se donner le luxe d'un plafond de maître.

Ce sont les maîtres qui font défaut.

Le XIXe siècle a beau jeter les millions par les fenêtres, la grande peinture ne lui donnera pas le sou pour livre de son argent.

Je ne sais ce qu'il adviendra de ce malheureux Panthéon, qui a reçu et mal gardé les cendres de Voltaire. Sera-t-il dieu, table ou cuvette? Nos enfants verront-ils dans la vaste et médiocre bâtisse de Soufflot un temple de la Gloire ou une église de Sainte-Geneviève? Il faudrait être sorcier pour le dire. Le peuple français est à la fois très conservateur et passablement révolutionnaire. Ajoutez que le temps des fureurs iconoclastes est passé. Nous déchirons plus volontiers une constitution qu'une gravure de Marc-Antoine ou de Rembrandt. Quand

Napoléon III, en 1852, fit largesse du Panthéon au clergé qui avait béni le Deux-Décembre, il était imprégné de l'esprit anglais; il avait passé des années chez ce peuple violent et respectueux qui a coupé la tête de Charles Ier sans écorner le piédestal d'une seule de ses statues. Il laissa donc à la nouvelle église de Sainte-Geneviève le fronton patriotique et philosophique de David d'Angers. Le clergé intrus, mais soumis à je ne sais quelle autorité des mœurs publiques, respecta les cénotaphes de Voltaire et de Rousseau et le pâle troupeau des sénateurs obscurs qui dorment là-bas, sous la pierre. Que ferons-nous à notre tour si demain, c'est-à-dire à la prochaine législature, le culte catholique est banni de ce logement usurpé? Un marquis sceptique et d'esprit déluré a mis en joie les puissants du 24 mai 1873 en imprimant sur les murs du Panthéon le sceau de Rome. Il convia pêle-mêle tous nos artistes de renom à une œuvre décorative dont le curé de la paroisse daignait contrôler le programme. On

y fourra un peu de tout : de l'histoire, de la
légende, de l'anecdote, et même de la farce :
car, si j'ai bonne mémoire, les miracles de
Lourdes et de Corps-la-Salette ont failli obtenir les honneurs de la fresque ou du marou-
flage. Beaucoup de ces tableaux sont achevés, quelques-uns sont mis en place. Qu'en
fera-t-on si le grand gâteau de Savoie qui
s'élève entre la Sorbonne et l'École normale
est rendu au culte de la Gloire? Il me semble
que je n'aurais pas été un bon Vandale, car
mon cœur saigne à la seule idée d'arracher une
des toiles que je vois là. Mais le marquis de
Chennevières, qui est homme d'esprit, doit
savoir maintenant ce qu'on risque à jeter sur
le tapis vert de la politique un enjeu comme
le Panthéon. S'il pouvait conserver quelques
illusions, chercher quelques excuses de son
erreur, je le conduirais poliment au *Triomphe
de Clovis*, fragment de frise dont M. Paul-
Joseph Blanc est l'auteur, mais dont la cul-
pabilité rejaillit largement sur l'éditeur responsable. Quelques-uns de mes confrères en
critique, étonnés comme moi de voir dans

un tableau d'église plusieurs hommes d'État
bien connus pour leurs sentiments libé-
raux et adversaires déclarés du cléricalisme,
ont cru que M. Blanc avait fait une mauvaise plaisanterie. On l'accuse, à tort selon
moi, d'agir en écolier profane, lorsqu'il tra-
vestit en évêques coiffés du nimbe sacré des
libres penseurs aussi connus que MM. Gambetta, Clémenceau et Lockroy, et même
Coquelin, cet excommunié dont le masque
pétille d'esprit. Il serait plus juste de dire
que M. Blanc, comme la plupart des décorateurs du Panthéon, ne sait plus à quels
saints se vouer. Travaillant pour un édifice
dont la destination est plus incertaine que
jamais, il a dû se dire souvent : « Que fera-
t-on de ma peinture ? Son sort est entre les
mains des députés. MM. Lockroy et Clémenceau permettront-ils longtemps qu'on
dise la messe au Panthéon ? Le président de
la Chambre, plus modéré, plus conservateur, plus enclin à ménager les opinions
qu'il ne partage pas, plus politique en un mot,
leur donnera-t-il tort ou raison ? Coque-

lin, ce railleur plein de verve, qu'il écoute, dit-on, volontiers comme un organe reten- tissant et gai de l'opinion publique, le pous- sera-t-il à droite ou à gauche ? »

Un artiste hanté par ces incertitudes a bien pu, machinalement, sans préméditation, canoniser à coups de brosse les arbitres de sa destinée. Mais il est plus probable que M. Blanc y a mis moins d'instinct et plus de raisonnement. Éclairé par l'expérience, il sait que Sainte-Geneviève a conservé le fron- ton de David et la coupole de Gros ; il doit penser que la Gloire, restaurée et remise en possession de son temple, n'exclura pas les tableaux dont le caractère est purement his- torique et l'esprit nullement religieux. Il a donc mis sa frise à cheval sur le temple et sur l'église ; c'est une œuvre à deux fins, as- surée contre tous les événements.

Si vous objectez qu'elle n'en est pas plus logique, ni meilleure en soi, ni plus lar- gement exécutée, je serai tout à fait de votre avis. Peut-être même en aurais-je parlé moins longuement sans le scandale.

M. Mazerolle, qui n'a jamais scandalisé personne, est un décorateur très appliqué et consciencieux. L'administration et les particuliers qui l'honorent d'une confiance sans limite peuvent lui demander indifféremment un carton pour les Gobelins, le décor d'un vase pour Sèvres, un vitrail pour une église, un plafond de salle de bal, deux panneaux pour un escalier. Ses deux figures qui représentent l'Agriculture et l'Industrie ont un aspect satisfaisant, elles respirent le calme et l'honnêteté; elles n'ont pas plus d'éclat qu'il ne faut, et pourtant elles ne sont pas tristes; je suis sûr qu'elles feront meilleur effet encore après leur mise en place que dans le tohu-bohu de l'Exposition.

L'*Agriculture* qu'il nous présente jouit de la plus florissante santé et s'habille de brocart rouge, malgré la concurrence des blés américains. C'est une très bonne personne qui semble dire aux regardants : « Voilà comme je suis. » Malheureusement elle est entourée d'attributs qui appartiennent au jardinage, comme l'arrosoir, la bêche et le râteau. Sans l'agneau et la gerbe de blé, on la prendrait pour sa petite sœur, si avantageusement connue dans la banlieue de Paris, l'Horticulture.

Le *Commerce* lève les yeux au ciel comme pour appeler les bénédictions d'en haut sur son prochain inventaire. Ici encore, si la robe verte est brillante, les accessoires laissent à désirer. Passe pour la rame et la caisse de bois blanc et le portefeuille de maroquin rouge, mais la corde et les tenailles sont de trop. L'enfant qui tient la plume, le génie aux écritures, a la poitrine singulièrement modelée, et son compagnon qui ficelle un ballot est d'une insigne maladresse. On ne le garderait pas vingt-quatre heures chez un commissionnaire de la rue d'Enghien.

L'administration a mal servi M. Protais en lui donnant un mur à couvrir dans les salons de la Guerre. Cette énorme machine intitulée : *le Drapeau et l'Armée*, a l'air d'une image d'Épinal mise au carreau. Le talent de M. Protais est fin, pénétrant, distingué comme le parfum de la vanille. Mais une

gousse de vanille, qui aromatiserait délicieu-
sement un gâteau de riz, à quoi servira-t-elle
dans un sac de farine ? C'est du bien perdu.

Si Baudry n'avait pas exposé son plafond
de *la Loi,* je crois bien que la palme de l'art
décoratif reviendrait cette année à M. Gabriel Ferrier. Rien de plus vraiment jeune,
de plus brillant, de plus heureux, que cette
grande toile du *Printemps,* où les nymphes
enivrées du parfum des fleurs chantent et
dansent au milieu d'un paysage exquis, bai-
gné d'une lumière éclatante. La principale
figure de femme est si belle qu'elle vous
fait penser aux mythologies exquises de
Lesueur jeune, avant *Saint Bruno.*

J'adresserai cependant deux critiques à
l'auteur de cette œuvre charmante et forte.
Le vieux faune du premier plan est traité
dans la manière réaliste des Espagnols et de
Bonnat. Seul, je le louerais sans réserve ; il
n'est pas à sa place ici, ou du moins il devrait être peint autrement à cette place. Les
maîtres emploient volontiers la vieillesse, la
laideur et même la rusticité comme les re-

poussoirs naturels de la jeunesse et de la beauté. Mais Ribera lui-même, dans ce *Triomphe de Silène* que l'on voit au musée de Naples, n'est pas allé aussi loin que M. Ferrier. Et Ribera n'est pas un délicat, tant s'en faut, et il peignait pour un public moins délicat que le nôtre.

L'observation qui me reste à faire s'applique à l'âge d'une des nymphes, la seconde, qui est une fillette de douze ans au plus. Il me semble qu'un casuiste païen la trouverait trop jeune pour assister à la fête. *Maxima debetur puero reverentia* est une maxime païenne. Les nymphes sont des divinités jeunes, elles ne vieillissent jamais, c'est chose connue; mais l'âge du catéchisme n'existe pas pour elles : elles naissent toutes à quinze ans.

L'*Actéon*, de M. Le Lièvre, quoi qu'en dise le livret, n'est pas, à proprement parler, un panneau décoratif. Ce serait bien plutôt un paysage historique. La figure y tient peu de place. Le jeune chasseur, avec ses jambes modelées en rondins et ses chiens sortis du haras d'un conducteur de diligence, pourrait être effacé sans dommage sérieux. On pourrait également ôter le groupe vague et lointain de Diane. Et il resterait un paysage grandiose, harmonieux, bien composé, parfaitement éclairé, avec de bons morceaux de dessin, car l'anatomie des arbres qui figurent au premier plan est autrement soignée que celle du gamin chétif et sans conséquence que Diane va changer en cerf. On en ferait à peine un daim.

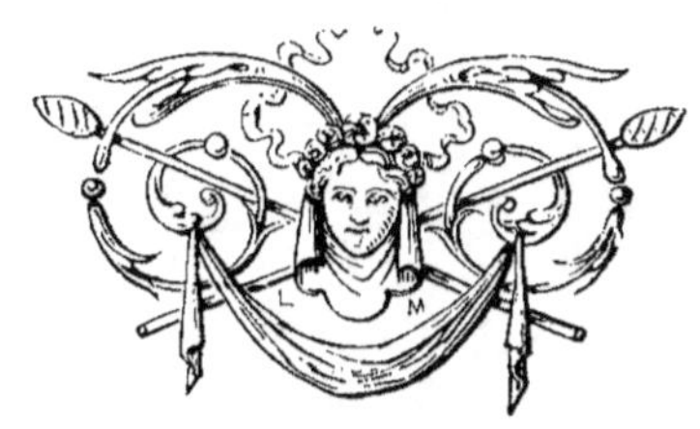

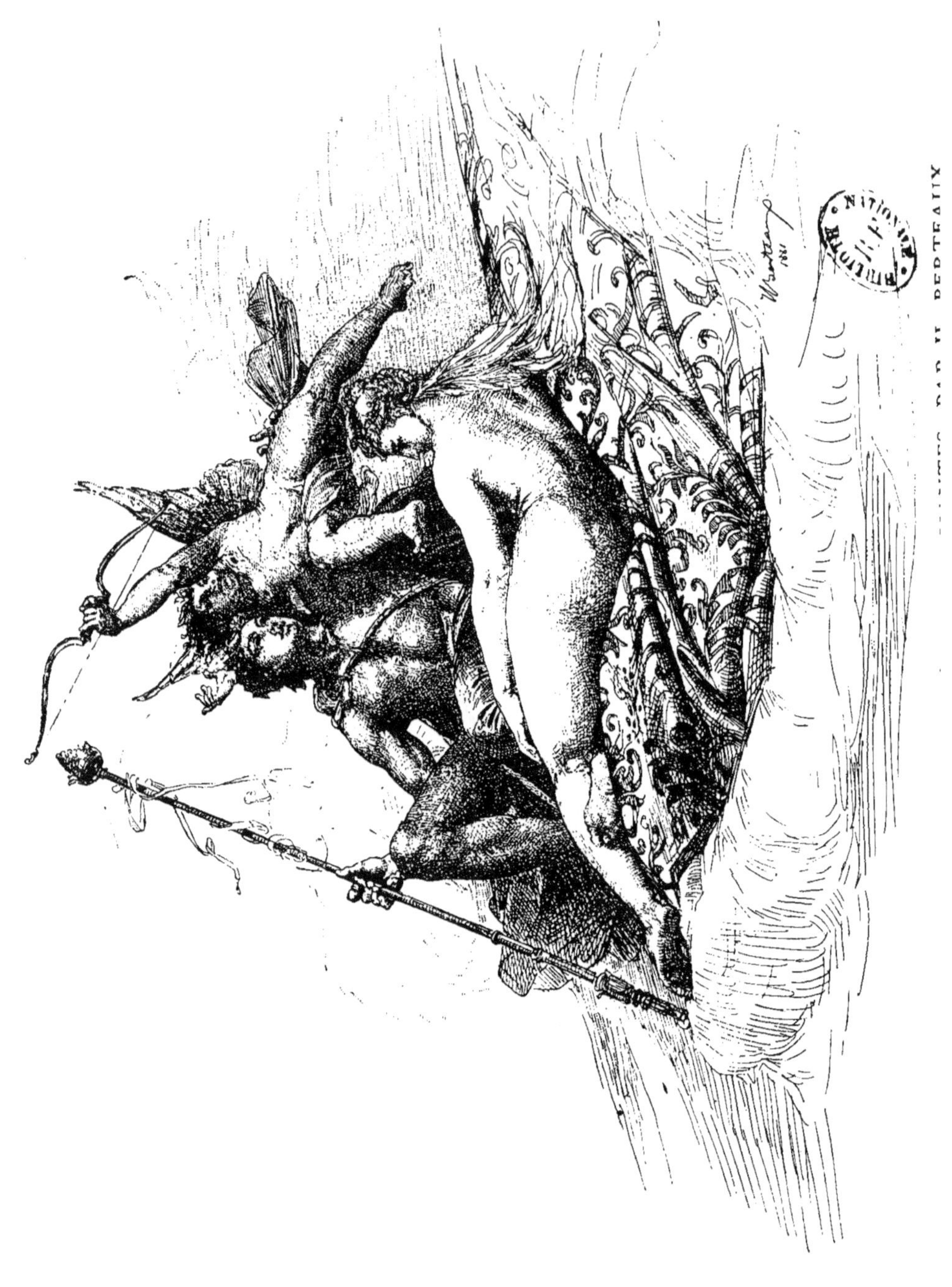

QUATRIÈME JOURNÉE

Peinture d'histoire et Peinture décorative.

(Suite.)

———

MM. BERTEAUX, R. COLLIN, MÉDARD, BLAN-
CHON, GERVEX, SCHUTZENBERGER, SÉON,
DOUILLARD, ZUBER.

Nous terminerons aujourd'hui la revue des ouvrages qui appartiennent
ou qui visent à l'art décoratif. Si
quelques-uns de mes lecteurs me reprochaient
de faire la part trop large à ce genre de peinture, je m'excuserais en disant qu'il est le plus
noble, le plus difficile et le premier de tous.
La décoration est la peinture d'histoire élevée
à sa plus haute puissance. Elle ne vit que de

grandeur et de simplicité; elle exige avant tout des compositions claires, des mouvements précis, un dessin large et fermement arrêté. Les artifices de la *patte* y sont aussi déplacés que les subtilités et les raffinements de la couleur. C'est l'art qui parle aux foules, et les foules n'entendent pas malice à la peinture, pas plus qu'à la poésie ou à la politique. Victor Hugo n'eût jamais obtenu les honneurs presque divins qu'on lui décerne à tous les étages de la société, et qu'il subit avec une résignation et une grâce olympiennes, s'il n'était un génie essentiellement décoratif. Cet être puissant et bon, terrible et tendre, est très proche parent de Michel-Ange et de Raphaël : il tient à l'un par les colosses et à l'autre par les enfants.

Si la grandeur s'apprenait comme l'orthographe, et la simplicité comme l'arithmétique, nous aurions, je n'en doute pas, dans cette époque d'enseignement gratuit et généreux, une admirable école de décoration. Mais l'État n'y peut rien; il fait tout son possible en dotant l'École des beaux-arts, en

maintenant sur un pied honorable les manu-
factures nationales des Gobelins, de Sèvres,
de Beauvais. Malheureusement, le beau style
est une espèce de variole qui ne s'attrape
que par contagion, et les conditions de la
vie parisienne en 1881 tracent comme un
cordon sanitaire autour des maîtres conta-
gieux. Il y a cinquante ans, l'atelier d'un
grand peintre était une école, mieux encore,
une famille. Les élèves grandissaient lente-
ment, patiemment, à l'ombre d'un homme
illustre et bienveillant qu'ils admiraient de
toute leur âme, et qu'ils aimaient jusqu'à se
faire tuer pour lui. Un Hippolyte Flandrin
se trouvait honoré et favorisé entre tous s'il
était admis à l'honneur de préparer les fonds
d'un tableau d'Ingres. Il s'absorbait aveu-
glément dans la personne de son maître, et
il en rapportait quelque chose au grand jour
de l'émancipation, lorsqu'il se sentait à la
fin capable et digne d'ouvrir un atelier, lui
aussi. L'individualisme moderne a changé
tout cela. Nos rapins sont émancipés avant
de naître; ils exposent avant de concourir

pour le prix de Rome ; ils vendent leurs tableaux à des prix fous avant de savoir peindre ou dessiner ; ils s'estiment eux-mêmes au prorata de la cote établie par les marchands ou par les commissaires-priseurs, et ils n'échangeraient pas leur couteau à palette contre le pinceau de Léonard de Vinci. Le plus naïf et le plus saugrenu des impressionnistes consentirait peut-être à aider Bonnat et Baudry, mais à la condition expresse de signer avec eux, comme la costumière et le tapissier mettent leurs noms sur l'affiche d'un drame, comme les encadreurs signeront l'an prochain ces bordures prétentieuses, ridicules et laides qui font concurrence au tableau.

Mais pardon ! je reviens aux quelques œuvres décoratives qui se rencontrent de loin en loin dans le Salon de cette année.

La très riche et très intelligente cité de Nantes s'est donné le luxe d'un plafond neuf pour le théâtre Graslin, et elle a bien choisi son peintre. M. Berteaux est un jeune homme qui a fréquenté l'atelier de Flandrin, et demandé quelquefois les conseils de Baudry. Ces deux excellents maîtres lui ont beaucoup donné sans lui rien prendre : il est resté lui-même, son beau plafond est l'œuvre d'un talent libre et original. La Musique, la Tragédie, la Comédie, la Danse, représentées par des groupes élégants et harmonieux, se partagent un vaste espace et le remplissent exactement, sans faire cohue. L'esquisse d'ensemble est d'une parfaite clarté; elle se lit tout d'un trait, comme une page d'un bon livre. Quant à l'exécution, nous pouvons la juger sur un échantillon très vaste et très beau. M. Berteaux nous montre tout un quart de son plafond avant la mise en place. C'est un ensemble vif et brillant qui réunit Thalie, Momus, Terpsichore, Vénus, Bacchus et l'Amour; en un mot, le coin le plus riant de l'Olympe et de l'Art. On assure que M. Berteaux a voué une reconnaissance éternelle à la municipalité qui met son talent en lumière. J'aime à penser que la mairie et le conseil de Nantes seront également satisfaits de M. Berteaux.

M. Raphaël Collin a exécuté pour le théâtre de Belfort un panneau de *la Danse* qui fera peut-être bon effet à sa place, mais qui pèche par l'abus du rouge au grand jour de l'exposition. L'écharpe rose de la danseuse et le feuillage pourpre du hêtre me font penser, bien malgré moi, au théâtre incendié de Nice. La figure de femme est d'ailleurs assez molle, et le jeune homme qui souffle dans une flûte de Pan a les jambes beaucoup trop longues. Cependant le tableau n'est ni sans charme, ni sans intérêt.

Pour l'hôtel de ville qu'on restaure dans cet héroïque et infortuné Belfort, M. Médard a mis en scène le général Lecourbe et la défense victorieuse en 1815. Je tiens M. Médard en grande estime, comme peintre de genre; personne ne goûte plus que moi l'ordonnance, l'esprit et les intentions de son tableau : *Troupes de renfort arrivant sur le champ de bataille.* Mais la décoration comporte des qualités d'ordre supérieur qui font défaut à la plupart des peintres de genre. La ressemblance des portraits, l'exactitude des costumes, font merveille sur une toile de chevalet. Changez les dimensions, attaquez les parois d'un monument public, et vous risquez beaucoup d'effleurer la caricature. La caricature à Belfort !

Un simili-principe qui a du bon et du mauvais, mais plus de mauvais que de bon, veut que l'on adjuge au concours les travaux de peinture murale. Le budget de Paris saura ce qu'en vaut l'aune, et cela dans un bref délai. Je ne veux pas me faire lapider comme un simple Baudry, en donnant mon avis sur le mode de sélection qui préside à l'art officiel ; mais je surveille attentivement l'éclosion des chefs-d'œuvre que la fièvre démocratique du concours nous a pondus.

A Paris comme à Landerneau, il est matériellement impossible que tous les candidats à la décoration d'un mur présentent une œuvre achevée, mise au point, grandeur d'exécution. Ce jeu coûterait trop cher aux artistes s'ils faisaient la guerre à leurs frais, ou aux municipalités si elles prétendaient récompenser tous les efforts méritoires. Le

concours est jugé sur de simples esquisses,
c'est-à-dire sur des tableaux de dimension
modeste et d'exécution sommaire. On a
beau demander, pour supplément de ga-
rantie, une grande figure peinte, c'est toujours et fatalement le charme de l'esquisse
qui enlève le succès. Or il faut le coup
d'œil et l'expérience d'un juge consommé
pour distinguer dans une demi-douzaine de
petits tableaux, pas plus grands qu'une toile
de genre, le vrai panneau décoratif. Neuf
fois sur dix, le peintre de genre, plus adroit
et plus maître de son art dans un espace
limité, distancera le peintre d'histoire. Mais
après? Lorsqu'il s'agit d'exécuter? Voici ce
qui se passe, et ce que vous reverrez souvent, si l'on n'y prend garde.

MM. Gervex et Blanchon, très avantageusement connus, quoique fort jeunes, dans
la peinture de genre, ont gagné le lapin au
concours du XIXe arrondissement. Leurs
esquisses, vraiment jolies, ont séduit un jury
dont tous les membres n'étaient pas fort
experts en matière de décoration. Maîtres

du champ de bataille, encouragés par le succès, ils attaquent chacun sa grande toile et
mettent bravement au carreau deux gentils
tableaux de chevalet. Le résultat est là, devant vos yeux, que vous en semble? N'êtes-
vous point d'avis que pour orner une salle
d'école, fût-ce la salle d'une école du soir,
il y a autre chose à inventer que la repré-
sentation littérale de cette école elle-même?
Une glace plaquée à la muraille en dirait
tout autant, et n'en apprendrait pas davan-
tage. Ceci soit dit pour M. Blanchon, qui
est un jeune homme intelligent et un peintre
adroit, mais qui tourne le dos à l'art décoratif. Et quant au *Mariage* de M. Gervex,
ne pensez-vous pas, comme moi, que, malgré la *patte* infernale de l'artiste, il fera dou-
ble emploi dans la mairie du XIXe, en ré-
pétant les types, les toilettes, les grimaces et
les banalités qui défilent trois ou quatre fois
par semaine dans ce temple civil? Nous
nous connaissons, hélas! bien assez pour
que l'artiste, et un artiste de talent, n'ait pas
besoin de nous présenter officiellement à

nous-mêmes. Si les chefs de la République, dans un esprit que l'on ne saurait louer trop hautement, veulent donner aux cérémonies civiles un éclat et une solennité dont certains cultes religieux ont usurpé le monopole, n'est-ce pas le moment ou jamais de décorer la mairie comme un temple? Sied-il d'y étaler une toile qui serait aussi bien et plus logiquement marouflée dans les magasins du *Printemps,* dans les galeries de la *Ménagère,* ou derrière les bocaux multicolores de Boissier?

Certes, le *Mariage* de M. Schutzenberger, exécuté pour la mairie de Reims, laisse beaucoup à désirer. On n'y trouvera pas un morceau peint de main de maître, et l'artiste a cédé à une étrange fantaisie en faisant marier un jeune couple romain par une sorte de Kroumir en burnous. Mais l'œuvre a le mérite de nous transporter dans un monde idéal, plus brillant, plus grave et meilleur que le nôtre. Il nous élève au-dessus de nous-mêmes à travers le temps et l'espace. Exact ou non dans ses menus détails, le tableau de M. Schutzenberger est symbolique, d’un sentiment élevé, d’un esprit vraiment décoratif.

Les deux panneaux de M. Séon, *la Pêche* et *la Chasse*, sont d’un aspect assez agréable, malgré le parti pris trop visible du peintre, que les lauriers fanés de M. Puvis de Chavannes empêchent de dormir. M. Séon, et je l’en félicite, est encore loin de son but; il a réussi à bâcler une draperie sans plis et çà et là quelques membres sans os et sans muscles; mais il est trop bien doué pour rompre à tout jamais avec le dessin et la couleur. La triste école aura beau faire, il n’y a pas en lui l’étoffe d’un peintre nihiliste.

J’ai vu le temps où une grande machine comme la *Mort de saint Louis* aurait ouvert à M. Douillard non seulement les coffres du Trésor, mais les portes de l’Institut. Il y a là dedans beaucoup de savoir et d’étude, et même un incontestable talent. Un peu de fadeur; mais qui sait si la fadeur n’est pas, à notre époque, un assaisonnement imposé par l’Église?

M. Zuber a parachevé d'une main très
savante trois vues de la Corniche, probablement pour un riche amateur qui voulait garder à Paris, dans son hôtel, un reflet de sa
chaude et brillante villa d'hiver. Ce sont, à
proprement parler, malgré l'absence des
figures et des monuments, trois paysages
historiques du style le plus noble et le plus
pur. L'artiste alsacien a condensé sur ces
trois toiles les richesses et les splendeurs du
climat méditerranéen, de cette serre sans vi-
trages où les plantes de nos régions pari-
siennes meurent de soif, tandis que l'olivier,
le palmier, le chêne vert, le poivrier, le laurier-rose, l'agave et le cactus y prospèrent à
qui mieux mieux, comme pour nous faire
mourir d'envie.

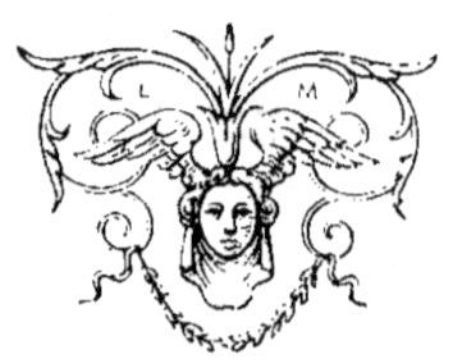

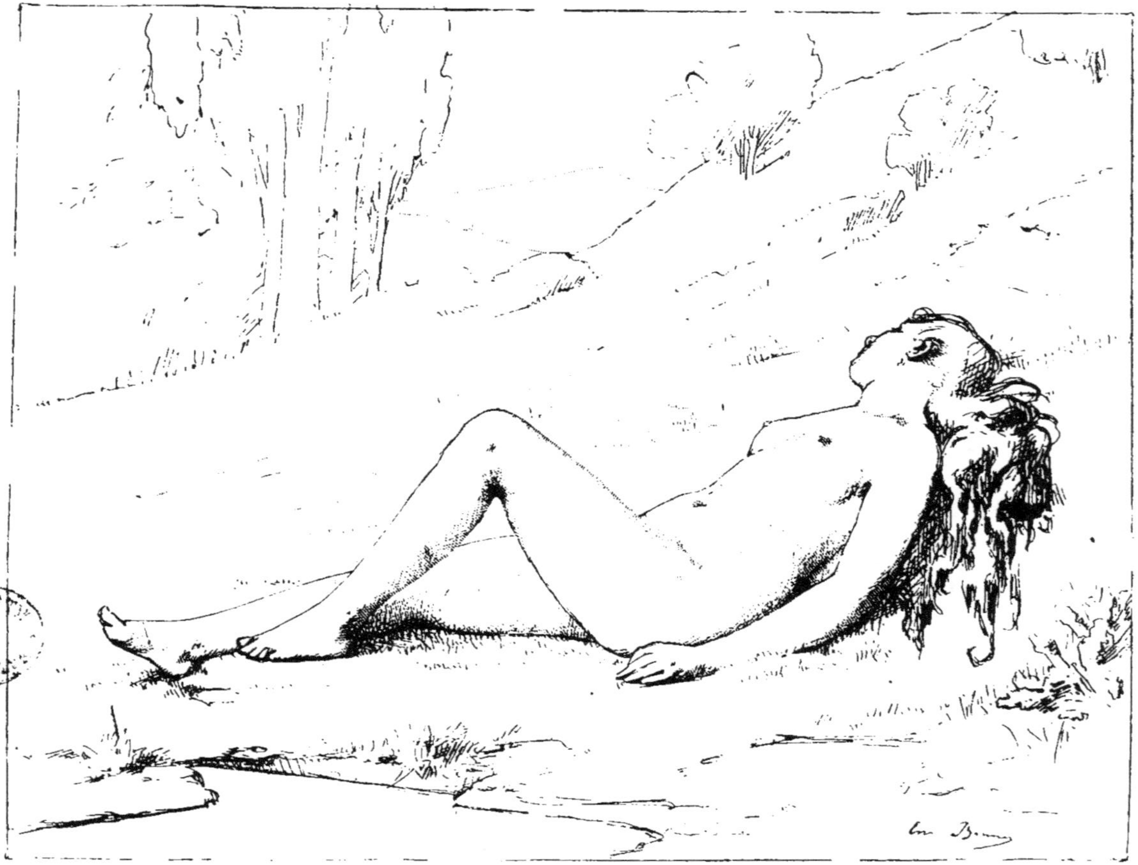

LE REPOS

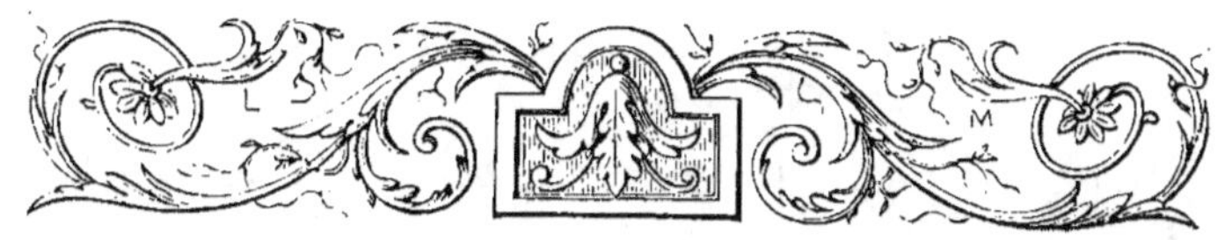

CINQUIÈME JOURNÉE

Peinture d'histoire et Peinture décorative.

(Suite.)

MM. COMERRE, H.-EUGÈNE DELACROIX, RIXENS, GUSTAVE POPELIN, AIMÉ MOROT, F. CLÉMENT, EMMANUEL BENNER, FOUBERT, TELLIER, LUCAS.

LES *derniers envois* de l'Académie de Rome ne brillent depuis un certain temps ni par l'audace ni par l'originalité. Il serait donc injuste et maladroit de décourager par une critique trop sévère les pensionnaires qui ont beaucoup osé et visé haut. M. Comerre, grand prix de 1875, a entrepris de rajeunir le vieux drame biblique de *Samson* et de *Dalila*. Il y a bien des fautes dans cette énorme toile : on pourrait demander pourquoi le jeune artiste a déguisé en Hercule forain le héros qui avait été vingt ans juge, c'est-à-dire presque roi d'Israël ; à quel propos il lui donne un lit orné de sculptures égyptiennes, si loin de la terre d'Égypte et dans un pays où la statuaire était maudite comme un art païen. L'artiste n'a pas lu soigneusement la Bible, car il ignore que Dalila fit raser par un barbier les sept touffes qui couvraient la tête de son amant. Enfin la composition du groupe philistin, à droite du tableau, est à la fois violente et troublée ; il ne fallait ni tant d'efforts ni des mouvements si diaboliques pour enchaîner un malheureux privé de force et réduit à la dernière impuissance. Mais l'œuvre est grandiose et d'un aspect saisissant ; la figure de Dalila, triomphante dans sa perversité de courtisane vendue à l'ennemi, est d'un caractère vraiment neuf et rachète toutes les erreurs de l'artiste. Il y a d'ailleurs de bonnes études de nu dans la cohue des Philistins.

M. H.-Eugène Delacroix, qui porte avec
le courage le plus méritoire un nom trop
lourd pour ses épaules, se démène comme
un désespéré dans le grand. C'est un artiste
moins heureux qu'entreprenant, moins habile
que hardi ; il poursuit à la fois le grand dessin et la belle couleur, et peut-être, avec le
temps, attrapera-t-il quelque chose. En
attendant, sa vaste composition d'*Orphée
déchiré par les Bacchantes* est encore terrible-
ment brouillée. Je voudrais que ce peintre
si persévérant entreprît une fois de concentrer sur une seule figure le savoir et l'effort
qu'il gaspille dans ce grand coquin de tableau.

Je me demande si M. Rixens, en essayant
de peindre la *Mort d'Agrippine*, n'a pas entrepris l'impossible. Les mots fameux : *Feri
ventrem !* l'héroïque impudeur de la femme
qui désigne au fer des assassins les flancs
qui ont porté Néron, tout cela est plus
beau dans l'histoire que dans la peinture.
L'artiste a dû tourner et retourner vingt fois
sa figure principale avant de s'arrêter à cette

pose médiocre, qui manque de franchise et de clarté. Ajoutez qu'il sera toujours périlleux de montrer au public le torse nu d'une femme de quarante ans sonnés. Néron était âgé de vingt-deux ans lorsqu'il se délivra de sa mère. Les sculpteurs de l'antiquité n'y regardaient pas de si près ; ils traitaient les princesses comme des immortelles, et l'on admire encore à la villa Borghèse une statue d'Agrippine dont le visage a quarante ans et la poitrine quinze ; mais l'art moderne et le réalisme ambiant permettent-ils ces libertés ?

M. Gustave Popelin s'est fait connaître l'an dernier par une figure d'enfant qui donnait les plus brillantes espérances. Son *Argiphonte* du Salon, tout en attestant des efforts honorables et des progrès marqués, fera comprendre au jeune triomphateur que le domaine du grand art ne se conquiert pas en un jour. Le Mercure, inspiré par les maîtres florentins du XVe siècle, est un bourreau nerveux et gaillard, mais il manque absolument de divinité. La draperie qui passe sous ses aisselles comme une ceinture de Mme Tallien, lui fait un ventre qui n'en finit pas. Mais c'est surtout le corps d'Argus qui laisse à dire. Il y a là, entre autres incorrections, un bras gauche dessiné en moignon, sous prétexte de raccourci. N'oublions pas, cependant, que nous avons sous les yeux l'œuvre d'un tout jeune homme, et, sans trop insister sur une inexpérience qui passera, louons sans réserve ces colorations franches, cette clarté radieuse, ce brio de couleurs, où l'on reconnaît les leçons de M. Gabriel Ferrier.

M. Aimé Morot n'a pas moins de talent que lorsqu'il exposait son *Bon Samaritain,* mais il ne l'emploie pas aussi bien. La *Tentation de saint Antoine* est une œuvre brillante et solide, peut-être même trop solide, car la figure de femme est maçonnée en certaines parties comme un mur. Mais dans cette composition, parfaitement équilibrée pour la satisfaction des yeux, on regrette un manque de goût, ou, si vous l'aimez mieux, de logique. En pareille matière (matière, hélas ! est le vrai mot), il ne suffit pas que la tentatrice soit tentante ; il faut encore que le saint ait l'âge et l'apparence d'un homme qui peut être tenté. Ici le bonhomme est trop vieux pour que la nudité, l'attitude et la provocation de son adversaire féminin ne soient pas choquantes.

Si j'insiste assez fréquemment sur des questions qui sont en art ce que les mœurs oratoires sont en éloquence, c'est qu'il appartient à la critique de compléter l'enseignement trop sommaire ou trop exclusivement technique de l'atelier.

Ainsi M. Clément, grand prix de Rome de 1856, et bien classé depuis longtemps comme peintre d'histoire, a cru traduire fidèlement quatre jolis vers de M. Georges Lafenestre en nous montrant une mère qui joue au lit avec son enfant. Cette jeune et jolie personne est couchée, comme les meilleures figures de M. Clément, et, comme elles, elle se montre absolument nue. Le poète est-il allé aussi loin ? Non, il a écrit :

> Sa mère en ses bras nus le saisit et l'admire.

Il ne nous montre que les bras, lui qui a les coudées plus franches assurément que le peintre. Pourquoi s'en tient-il là ? Parce que l'action se passe de nos jours, sur un lit couvert de draps blancs et de couvertures bleues, et qu'en 1880 une mère, si jeune qu'elle soit, ne s'avisera jamais d'ôter sa chemise pour offrir un bouquet de cerises à son enfant, fille ou garçon. Dans cette grande toile du *Repos,* qui est, jusqu'à nouvel ordre, le chef-d'œuvre de M. Emmanuel Benner, vous voyez une femme tout aussi peu vêtue que celle de M. Clément, et du même âge. Non seulement sa nudité ne vous choque ni ne vous étonne, mais vous ne vous avisez même pas de demander comment elle se couche à cru sur les herbes coriaces et les bruyères de la montagne, si elle ne va pas prendre froid, car la nuit tombe et la rosée n'est pas loin, ni comment elle s'y prendra pour rentrer au logis sans rencontrer le garde champêtre. Non, vous trouvez tout naturel et tout simple de l'admirer ainsi, car le nu, cette poésie de la forme, vous a transporté dans un monde

qui n'est ni la ville ni la campagne, mais la
nature. Le tableau de M. E. Benner, c'est
la nature féminine dans la nature champêtre,
et les deux font ensemble une harmonie irréprochable. Chaussez un seul pied de la
femme, ou placez seulement dans un coin
de la toile la hache d'un bûcheron ou la
faux d'un paysan, le nu passe à l'état de
nudité, les herbes piquent, le modèle éter-
nue, le garde champêtre accourt, le charme
est rompu.

Peut-être direz-vous que je suis un païen
fanatique et que la religion du nu m'entraîne
aux dernières extrémités; mais il m'arrive
quelquefois de grommeler devant une figure
bien peinte, soigneusement isolée de tous
les accessoires modernes et encadrée dans un
milieu irréprochable, comme la *Source* de
M. Foubert : « Ça, ce n'est pas encore du
vrai nu. » Et savez-vous pourquoi? Tout
simplement parce que la tête, trop moderne
et trop parisienne, a le nez retroussé d'une
certaine façon, parce que la physionomie de
cette demi-divinité, son sourire ou sa coif-

fure me rappelle un type entrevu depuis moins de huit jours sur la scène ou dans la rue. Eh! Messieurs! ne vous moquez pas! Si Phidias lui-même vous montrait Jupiter Tonnant avec un cor au pied, vous lui laisseriez le dieu pour compte, et vous diriez : « Pour qui donc nous prend-il avec son vieux modèle déchaussé? »

Le *Réveil d'Ariane,* de M. Tillier, est un joli tableau. La femme, jeune et bien faite, se pâme très agréablement dans un raccourci pittoresque, au milieu d'un paysage brillant et varié. Mais, quoique l'artiste ait pris soin d'écarter impitoyablement tout ce qui pourrait la compromettre, comme le vin de Champagne, les écrevisses à la bordelaise, les diamants, la poudre de riz, il n'y a pas un spectateur assez naïf pour voir en elle la fille de Minos, la sœur de Phèdre, l'amante de Thésée. On lui dirait plutôt : « Je te connais, beau masque! Tu demeures dans mon quartier. »

M. Lucas, s'étant donné à peindre une *Sapho* morte ou mourante après le saut de

Leucate, a cherché et trouvé un type poétique et très suffisamment antique. Un brillant effet de lune argente la mer, les rochers
et la noble victime de l'amour. Victime in-
téressante, tout réalisme à part, car elle ne
s'est rien cassé en tombant de si haut, pas
même une corde de sa lyre.

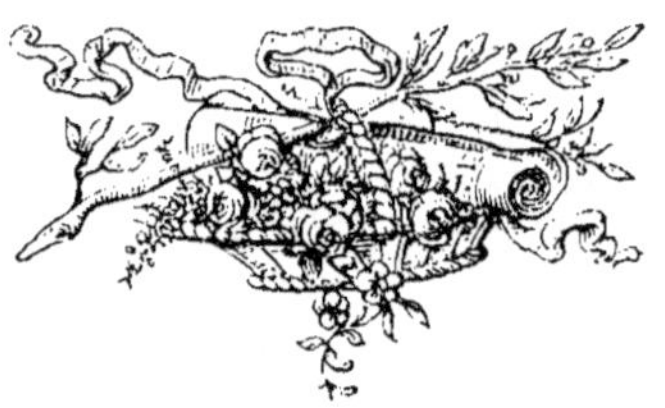

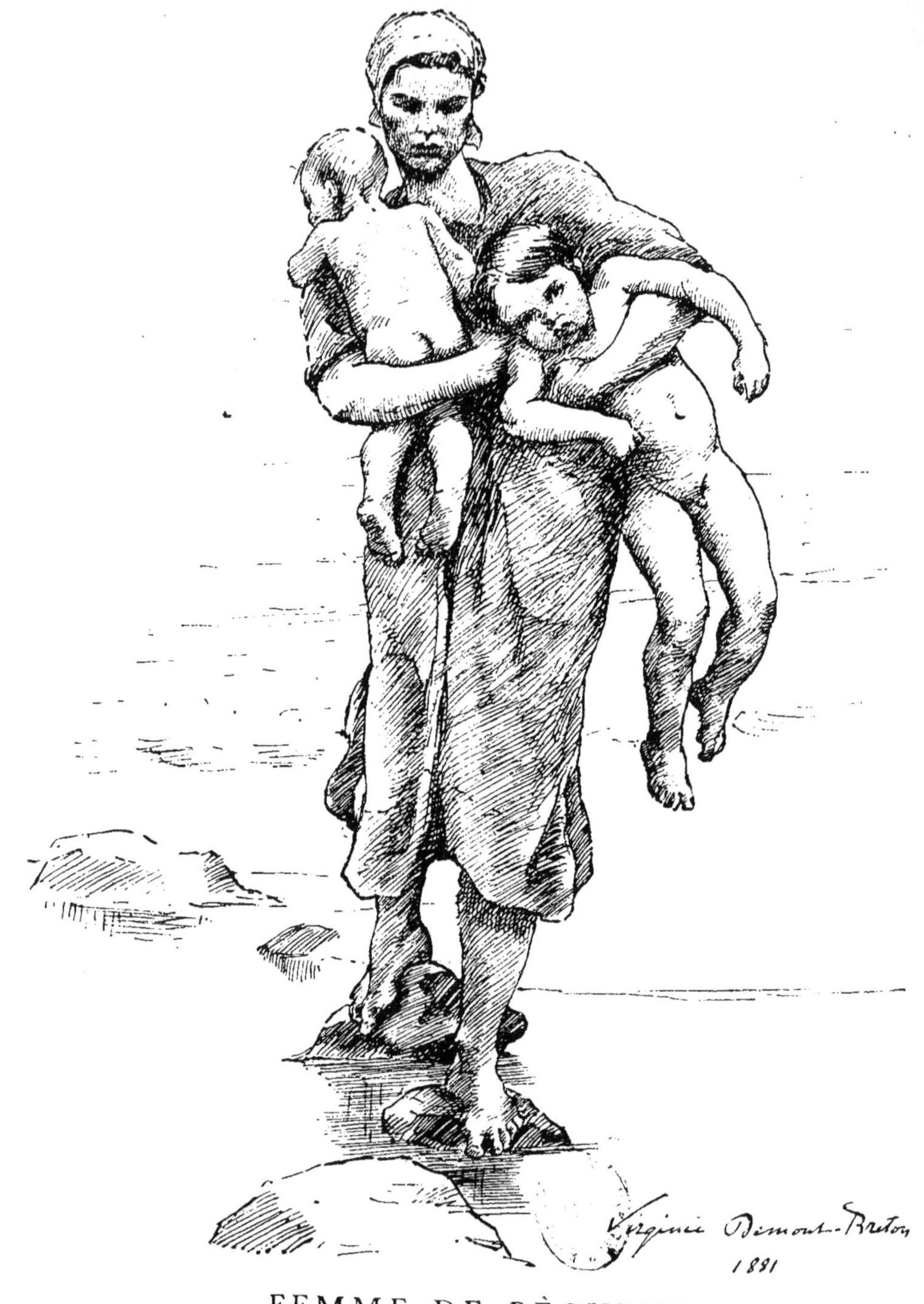

FEMME DE PÈCHEUR

VENANT DE BAIGNER SES ENFANTS

PAR Mme DEMONT-BRETON

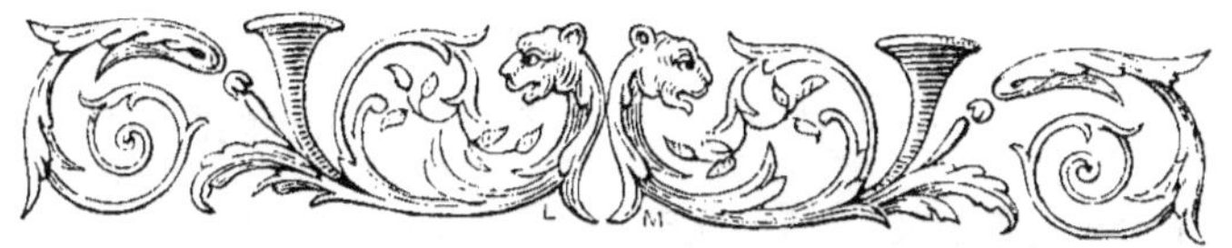

SIXIÈME JOURNÉE

Peinture d'histoire et Peinture décorative.

(Fin.)

MM. BOUGUEREAU, JULES LEFEBVRE, ÉMILE LÉVY, HECTOR LEROUX, LEHOUX, JAMES BERTRAND, MAIGNAN, FEYEN – PERRIN, BROUILLET, HENNER, GASTON RENAULT, NONCLERCQ, LESREL, LÉON GLAIZE, Mlle RIGNOT – DUBAUX, Mme DEMONT – BRETON, M. LŒWE.

ONSIEUR Bouguereau, qui est un des artistes les plus habiles, les plus savants et les mieux cotés de notre temps, fait le nu et la draperie avec autant de conscience que de dextérité. Laborieux comme pas un, il se lève et se couche avec le soleil. L'art païen remplit ses matinées; il consacre volontiers l'après-midi à des œuvres chrétiennes, tableaux d'église ou plutôt d'oratoire, qui ne sont déplacés dans aucun château. S'il se trompait par impossible et s'il introduisait une de ses figures mythologiques dans un sujet de dévotion, personne ne s'apercevrait de l'erreur et il n'y aurait point de scandale, car les nus de cet honnête et sage producteur sont aussi décents que ses draperies. Ses faunes et ses anges ont été élevés dans le même couvent, nourris du même pain et du même lait; ils répandent le même parfum de religiosité douce; ils sont tous également bien, et je comprends le succès qu'ils obtiennent indistinctement dans le monde des riches anglo-saxons, des agents de change, des notaires et autres gens de bien.

La *Vierge aux Anges* nous représente un concert soporifique donné par trois musiciens célestes à la Madone et à son fils. L'orchestre se compose d'un violon, d'une cithare et d'un orgue réduit, pour la commodité de la chose, à la mesure d'un accordéon. La mère et l'enfant dorment à qui mieux mieux sous un chêne vert. Les cinq figures qui remplissent la toile sont bien groupées, bien dessinées, bien peintes. Ce tableau est un des meilleurs de M. Bouguereau ; il n'y manque pas une des qualités qui s'acquièrent à bonne école. Le génie est absent, mais le talent incontestable. L'œuvre est digne d'un homme qui fut autrefois, chez Picot, le type des bons élèves, et qui est aujourd'hui, dans son atelier, le modèle des professeurs. Pourquoi cette figure de l'*Aurore* me fait-elle penser à une petite toile du pauvre Hamon ? Je n'en ai pas la gravure devant les yeux, mais je conserve au fond du cerveau l'image d'une adorable poupée rose qui perchait sur une feuille de chou et buvait dans la corolle d'un liseron une goutte de rosée. Hélas ! oui, ce n'était qu'une poupée, comme toutes les figures d'Hamon ; mais qu'elle était fraîche et jolie ! Il me semble d'ici qu'elle logeait plus de poésie dans son petit doigt que cette grande pensionnaire en

tête-à-tête avec un arum singulièrement al-
longé.

L'*Ondine* de M. Jules Lefebvre est blanche de la blancheur anémique des rousses ;
ses cheveux ont un air de perruque, ses yeux
font deux trous dans la toile, ses bras sont
un peu maigres et le peu qu'on voit du mol·
let me fait craindre qu'elle n'ait des jambes
de coq. Mais ce corps est vraiment jeune, et
quel joli reflet montré sur tout le côté droit !
La *Fiammetta* de Boccace est un aimable
souvenir des muses florentines. M. Jules
Lefebvre se trompe quelquefois, souvent
même, et ce n'est jamais à demi. Faut-il
vous l'avouer ? je suis avec plus d'intérêt les
artistes inégaux que les impeccables.

M. Émile Lévy est un de ceux qui ne se
recopient jamais. Depuis bien des années il
cherche sa voie à droite, à gauche, comme
un jeune homme, avec des fortunes inégales,
des alternatives de vif succès et d'expériences
manquées. La *Jeune Mère allaitant son enfant*
est l'essai d'une manière nouvelle, le spéci-
men d'un art plus ample, d'un modelé plus

large que d'habitude et d'une coloration
volontairement effacée. L'œuvre est bien
venue, elle fait grand effet dans sa simplicité magistrale. Peut-être cependant l'artiste
eût-il bien fait de l'accentuer un peu plus.
Je crois aussi que, dans un temps où la nature morte tient le haut du pavé, la robe
demandait une exécution plus précise : on
est moderne ou on ne l'est pas; il faut
choisir.

M. Hector Leroux, qui est antique de
parti pris, et non seulement antique, mais
funèbre et tant soit peu nocturne, nous
conte dans un style trop connu un épisode
du drame d'Herculanum. Un groupe de vestales... pardon ! de Romaines fugitives, se
pâme dans la campagne en face de l'éruption. Je n'ai jamais vu les volcans dans
l'exercice de leur brutalité, mais j'imagine,
et j'affirmerais volontiers, que le Vésuve et
l'Etna sont de grands coloristes. Une co-
lonne de gaz enflammés, de projectiles dé-
tonants et de laves incandescentes doit ré-
pandre sur le pays une véritable inondation

de reflets brillants et divers. M. Hector Leroux n'en croit rien ; son siège est fait, il a pris l'habitude de tout voir en blanc, même les éruptions ; ses bonnes dames en pâmoison resteront blanches sous les feux du volcan, comme des Larves ou des Lémures.

M. Lehoux, qui fut, si j'ai bonne mémoire, la première victime du prix du Salon, expose deux grandes machines laborieuses et bizarres comme on doit en rêver dans les déserts arides ou dans les prisons cellulaires.

Ni son *Mars* ni son *Précurseur* n'ont l'air d'avoir été peints de nos jours, dans un atelier de Paris. Le dieu de la guerre est presque comique avec sa physionomie de piqueur, son cheval-fantôme, son cortège de loups et de corbeaux. Le saint Jean-Baptiste l'est tout à fait avec sa face de carême, sa chevelure et sa barbe d'astrakan rouge et le nimbe, qu'on prendrait, à première vue, pour un cerceau. Voilà bien du savoir et même du talent dépensé en pure perte, car M. Lehoux en sait plus long sur le dessin de la figure humaine que la plupart des peintres à la mode ; il y a d'excellents morceaux d'académie dans ces tableaux manqués. Le livret nous apprend que M. Lehoux est élève de M. Cabanel ; il a donc un professeur homme de bon conseil, il a des camarades. Pourquoi ne demande-t-il pas un avis ? Que ne raconte-t-il ses tableaux avant de les peindre ? Il n'y a ni effort ni mérite d'exécution qui puissent sauver un ouvrage dont la donnée première est fausse ou absurde.

Je n'ai jamais très bien compris pourquoi, dans le joli petit tableau de M. James Bertrand, c'est l'*Amour* qui entraîne la *Nuit* sur la terre. Il eût été au moins aussi logique de nous montrer la Nuit entraînant l'Amour. Mais, sans chercher la quintessence, on peut louer le mouvement et l'élégance des deux figures aériennes. L'Amour est un peu trop parisien, et une de ses mains fait comme une aile de chauve-souris sous la draperie noire. Quant à la figurine de la Nuit, elle serait fort bien sans ce ventre emprunté à un modèle fécond et fatigué.

La *Matelda* de M. Maignan est élégante et jolie au milieu des fleurs, mais l'artiste n'avait pas besoin de lui sacrifier Dante et Virgile. A quoi bon travestir le grand Gibelin en vieille femme, et pourquoi remplacer le plus beau des poètes romains par une statue d'argile crue et mal modelée? M. Feyen-Perrin a fait de bons portraits et de jolis tableaux de genre; son *Astarté,* inélégante et surchargée de cheveux, nous porte à croire, jusqu'à preuve contraire, que la peinture d'histoire n'est pas son fait. Tableau mal composé : un rocher inutile et gênant; on passerait par là-dessus si Vénus faisait son devoir, qui est d'être belle. La fo-orme! dit Brid'oison; la fo-orme!

Dans la *Violation du tombeau de l'évêque d'Urgel,* M. Brouillet a dessiné deux bons torses d'homme au milieu d'une composition dramatique dans le goût de Jean-Paul Laurens.

Laurens lui-même expose une petite scène d'Inquisition, l'*Interrogatoire,* où la violence savamment contenue parle à l'esprit plutôt qu'aux nerfs, tandis que M. François Laugée donne la *Question* à un malheureux Flamand avec une férocité espagnole.

M. Henner a mis une certaine coquetterie à nous montrer deux faces de son talent. *La Source* et le *Saint Jérôme*, que le livret de nos artistes émancipés appelle saint Gérôme, sont deux toiles de valeur égale qui n'ont rien de commun et ne se ressemblent que par la couleur. Peut-être même un critique sévère pourrait-il remarquer, à ce propos, que l'artiste est trop fidèle à son parti pris de chair blanche légèrement teintée de jaune.

Une figure allégorique très féminine, très jeune, baignée dans la fraîcheur intarissable des sources et fleurie pour ainsi dire à l'ombre des grands bois, n'aura jamais la même peau qu'un vieil ascète octogénaire torréfié par le soleil dans les sables du désert. Mais on pardonne tout à ceux qu'on aime, et nous aimons Henner avec ses jaunes d'ambre opalin, ses paysages indiqués d'un coup de brosse, ses extrémités dessinées avec une largeur qui laisse le champ libre à l'imagination des regardants.

Quoiqu'il ne donne pas souvent tout ce qui est en lui, on se contente de ce qu'il donne, parce qu'il ne donne rien que de bon.

C'est égal, je voudrais qu'il revînt quelquefois à ce rose si vivant et si frais dont il nous a donné un simple échantillon dans une tête de jeune fille endormie.

Daphnis et Chloé nous apparaissent sous un aspect diantrement moderne dans le tableau de M. Gaston Renault; le berger semble même un tantinet faubourien; mais les deux figures sont jeunes, elles baignent bien dans l'air et se meuvent au milieu d'un joli paysage.

Rien de plus morose, au contraire, que l'*Atala* de M. Nonclercq, avec son désolé Chactas et l'inévitable père Aubry. Pourquoi réveiller ces gens-là, qui reposent sur le rayon le plus poudreux des bibliothèques désertes?

Littérature démodée, sentimentalité ridicule, art froid et faux qui cherche en vain une apparence de nouveauté dans la ligne brillante du fond, petit effet de paysage impressionniste.

La *Bacchante* de M. Lesrel est un peu uniforme de ton et maigrelette par-ci par-là, mais d'un dessin charmant; elle a le modelé sautillant et gai des personnes de sa race, faunes, satyres, Ægipans.

Le *Réveil*, de M. Léon Glaize, avec moins d'originalité, est une aimable figure; Mlle Rignot-Dubaux a peint une jolie académie de fillette gardée par un épagneul.

Si M. Jules Breton se contente de déposer sa carte au Salon sous les traits d'une *Femme de l'Artois* belle et poétique, c'est que le noble artiste est un excellent père. Il s'efface devant la gloire naissante de sa fille et son élève, Mme Virginie Demont. L'an dernier, cette jeune femme exposait deux jolies études de bébés, dans le genre de ce petit bonhomme qui souffle une chandelle de *pis en lit.*

Celui-ci même est d'aspect un peu maladroit et de forme assez tourmentée. Mais la *Pêcheuse et ses deux enfants,* trois figures de grandeur naturelle, forment un vrai groupe, solide et bien équilibré. La tête de femme est d'un beau caractère, les bambins sont charmants, surtout le plus petit, qu'on voit de dos. Ajoutez, s'il vous plaît, que le ciel, l'eau, le sable, en un mot tout le milieu ambiant, est bien vu et bien peint. Mme Demont-Breton a fait un fier chemin dans son année.

J'ai gardé pour la bonne bouche une œuvre de saveur étrange et délicate, la *Pythonisse,* de M. Lœwe. Cette figure n'est pas la plus irréprochable du Salon, mais elle en est peut-être la plus originale. Nue sur le trépied sacré, enivrée par quelque breuvage ou quelque inhalation mystique, elle est en proie à l'hallucination et regarde attentivement des choses invisibles. Tout cela est conçu, pensé, voulu. Et les formes sont élégantes dans une nature saine et forte. Et la couleur, si arbitraire et si arti-

ficielle qu'elle paraisse, ce gris tendre avivé
par quelques tons nacrés, forme une harmonie pénétrante. M'est avis que l'auteur de
cette belle toile a droit aux encouragements
de l'État, d'autant plus que ses confrères,
occupés à frapper une médaille pour M. Manet, n'ont pas même gratifié M. Lœwe d'une
mention honorable.

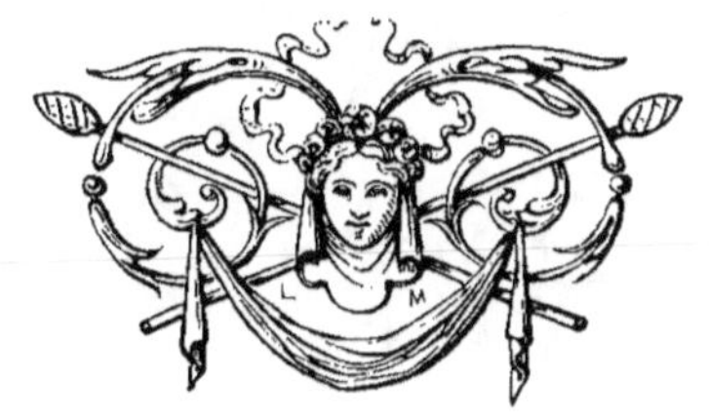

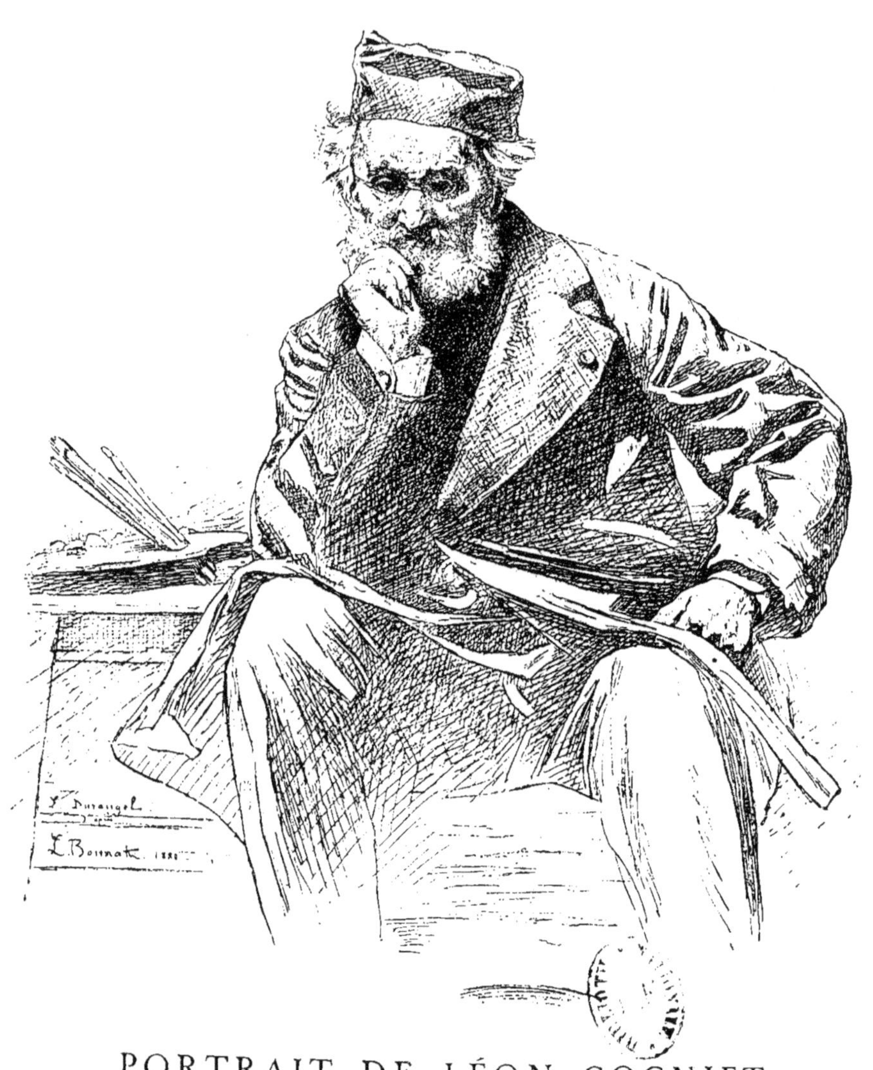

PORTRAIT DE LÉON COGNIET

PAR BONNAT

SEPTIÈME JOURNÉE

Portraits.

———

MM. BAUDRY, HÉBERT, BONNAT, CAROLUS DURAN, E. DELAUNAY, JEAN-PAUL LAURENS, MACHARD, ULMANN, CABANEL, ALBERT AUBLET, PONSAN-DEBAT, PAUL DUBOIS, FANTIN LATOUR, JALABERT, YVON, FERRIER, BADIN, G. DUBUFE, DUEZ, ZO, G. COURTOIS, CROCHEPIERRE, VÉLY, BOLDINI, LAUGÉE, SAINTPIERRE, SARGENT, DE PURY, Mlle FEURGARD, MM. ARCOS, BASSOT, ZIER, Mlle BRESLAU, M. MANET.

IL n'y a pour ainsi dire pas un peintre d'histoire qui n'ait fait des portraits, bons, médiocres ou mauvais, suivant l'inspiration du moment et la personne du modèle. Nous voyons au contraire

des portraitistes de profession, incapables de
dessiner une figure nue. de grandeur naturelle, réussir à coup sûr dans la spécialité
qu'ils ont choisie, et peindre des hommes,
des femmes, des enfants avec cette infaillibilité relative du gaufrier qui ne manque
jamais une gaufre. Toutefois, si vous m'en
croyez, vous ne demanderez jamais un portrait qu'à un peintre d'histoire. Il pourra
se tromper, passer à côté de la ressemblance, vieillir ou charger son modèle,
faire le désespoir d'une famille assemblée,
en un jour de fête, autour de l'œuvre im-
patiemment attendue et payée cher. N'importe ! vous en aurez toujours pour votre
argent ; car vous aurez acquis, à part le
mérite insignifiant et passager de la ressemblance, un tableau digne de rester dans une
galerie privée ou publique.

Un jour viendra où le portrait du jeune
Louis de Montebello prendra sa place au
Louvre, parmi les œuvres du plus original
et du plus grand peintre de notre époque.
En ce temps-là, les savants analystes de

l'école de Taine pourront épiloguer tout leur soûl sur l'affinage ou la dégénérescence du sang plébéien dans les familles de parvenus glorieux. Peut-être écrira-t-on des pages éloquentes ou simplement piquantes sur ce charmant et frêle descendant d'un ouvrier teinturier sorti lui-même d'un garçon d'écurie. On dissertera sur Jean Lannes, le héros, le *Roland moderne,* devenu grand seigneur de l'empire, sur ses enfants et ses petits-enfants, gentlemen accomplis, diplomates, administrateurs, hommes de guerre. On constatera même, qui sait? une contradiction manifeste entre la fragile apparence de cet aimable enfant aux airs mutins et l'homme très robuste et très sérieux qu'il sera devenu par la suite. Mais tout cela ne sera rien que vaine parole, papotage de critique, poussière d'esprit jetée au vent. L'essentiel est que cette peinture tiendra toujours sa place, et une place incontestée, dans l'œuvre immortelle de Baudry.

Le portrait de Mme de D... par Hébert ne ressemble probablement que d'assez loin à son aimable et élégant modèle. Je ne croirai jamais, jusqu'à preuve contraire, que notre cher ami, l'ancien directeur de l'Académie de Rome, ait découvert et exploité tout seul, dans la société française où M. Zola travaille si activement du groin, tout un filon de beautés rêveuses, pâles et consumées par une flamme intérieure. Mais les femmes du monde qui assiègent l'atelier d'Hébert savent à quoi elles s'exposent; elles ont pris leur parti, comme le peintre lui-même; elles comprennent que dans son atelier on contracte une maladie qui fait vivre un portrait longtemps.

Bonnat, ce grand maître espagnol qui fourrage à travers Paris, n'a jamais flatté ses modèles. Il a la brosse dure; on s'imagine par moments qu'il cueille son blaireau sur l'échine d'un porc-épic. Cependant vous voyez de jeunes et brillantes comtesses, comme Mme de P..., se présenter en victimes résignées à ce bourreau des ris et des grâces. Elles savent, les belles infortunées, qu'il faudra laisser les trois quarts de leur gentillesse mignonne à la porte de l'atelier; qu'elles se vouent au noir et au blanc; qu'on leur accordera tout au plus, par faveur, un ruban bleu dans les cheveux; qu'elles seront traitées approximativement comme le père Léon Cogniet, cet octogénaire nerveux et pétillant, mais blanc sur noir, sans autre couleur, sauf la rosette et la palette. Elles vont pourtant à Bonnat, car ce n'est pas, elles le savent, un médiocre honneur de faire à soi seule un tableau et de marcher vers la postérité dans la puissance et dans la gloire.

Carolus Duran a des griffes qui rentrent, comme celles des plus terribles félins, devant les femmes et les enfants. Il saisit la beauté la plus fragile et la plus tendre par un geste de tigre amoureux, quelquefois même paternel. Les gens du monde qui sont gens de goût par surcroît assiègent son atelier parce qu'il a le don de peindre beau; parce que les tons frais, blonds, nacrés ou dorés fleurissent spontanément sur sa palette. Mais il possède bien autre chose que le charme, ce déjeuner de soleil, et la plupart

de ses modèles obéissent, sans le savoir, à
une impulsion supérieure, à un sentiment plus
élevé. Ce diable d'homme s'impose autant
qu'il flatte et qu'il séduit. Dans le large portrait de Mme X..., dans cette délicieuse étude
d'*Enfant vénitien,* les plus inconscients des
amateurs subissent l'autorité d'un vrai peintre d'histoire.

Peintre d'histoire aussi, notre Élie Delaunay, dans ce splendide portrait de Mlle G...
qui semble décroché nuitamment à l'*Accade-
mia reale* de Venise. Voilà une occasion où
le critique tire son chapeau à la ressemblance
d'un modèle inconnu, mais superbe et ma-
gnifiquement accoutré ! Vous êtes jeune,
Mademoiselle, vous êtes belle et vous avez
grand air ; votre couturière, une artiste, vous
a supérieurement habillée. Mais les toilettes
s'usent, la jeunesse passe, la beauté s'éva-
nouit comme un songe. Ce qui ne vous tra-
hira jamais, le plus clair de votre bagage,
c'est ce passeport à destination de l'immor-
talité. Et que dire du portrait de Régnier,
l'honnête homme, le savant homme, l'homme

d'esprit, de conscience et de travail, le comé-
dien, l'écrivain, le professeur, l'ami sûr, le
père de famille exemplaire, enfin, pour tout
résumer en deux mots, le maître homme ?
Tout est là, le cœur, le talent, la quiétude
d'une vie sans tache, l'auréole de la sympathie et de l'estime universelles, avec un peu
trop de bleu dans la sauce, ce qui pourrait
se corriger.

Et voyez comme on a raison d'appeler le
peintre d'histoire lorsqu'on est en mal de
portrait ! Jean-Paul Laurens, un artiste *di
primo cartello,* s'est trompé gravement au
préjudice de Mme la comtesse R... La tête,
ressemblante ou non, est un morceau à re-
commencer ; elle ne se tient pas, elle n'est
pas ensemble. Mais quel admirable morceau
de nature morte que la robe de velours gris !
Et le saint Michel de bronze ou d'argent
doré, quelle étude ! Blaise Desgoffe n'a jamais fait mieux.

Parmi les portraits qui sont des tableaux,
je citerai encore la princesse A. Troubetzkoï,
par M. Machard ; une vieille dame en noir,

très simple, très digne et très gracieuse, par Giacomotti; le petit portrait de Mme E. U..., par M. Ulmann, et surtout la jeune fille au gant, Mlle E. M..., qui comptera, si je ne me trompe, parmi les ouvrages les plus purs, les plus distingués et les plus accomplis de M. Cabanel. C'est une symphonie en blanc majeur (comme dirait notre maître et notre ami Théophile Gautier), exécutée par un virtuose émérite. M. Albert Aublet, un jeune homme qui montera plus haut que le mont Dore, a fait aussi la gageure de peindre une fillette, Mlle G. A..., toute blanche, en blanc, dans le blanc; et il a gagné la partie.

M. Ponsan-Debat, peintre d'histoire bien classé depuis six ou sept ans, a peint avec beaucoup d'éclat et d'ampleur Mme Constans dans un portrait d'apparat, et avec beaucoup d'esprit et de naturel M. Camescasse en redingote, le lorgnon à la main, physionomie sympathique, cordiale, et nullement officielle. On voit d'ici que l'artiste a deux cordes à son arc.

M. Paul Dubois, le grand statuaire, qui s'est fait une réputation légitime dans l'art du portrait, n'a peut-être jamais exposé deux œuvres mieux venues et plus achevées que cette jeune fille en rouge, poudrée par un caprice de la nature dans l'épanouissement de sa vingtième année. C'est une bien belle œuvre aussi que le portrait de M. X..., un jeune homme de bonne mine, habillé par le tailleur à la mode et élégant de la tête aux pieds. Je ne crois pas que les originaux de ces excellentes peintures ni leurs familles puissent regretter quelque chose ou même rêver mieux. L'industrie de Niepce et de Daguerre, si elle réussit jamais à rendre les couleurs comme elle saisit aujourd'hui les formes, ne produira rien de plus agréable ni de plus vrai. Ce qui manque un peu, selon moi, à ces ouvrages irréprochables, c'est la marque de l'ouvrier, ce je ne sais quoi de personnel qui fera dire dans cent ans : Voilà deux portraits de Paul Dubois. Le talent est ici incontestable, admirable si l'on veut, mais un peu trop impersonnel.

On n'adressera pas le même reproche au portrait de la belle Mlle C. C..., par M. Fantin Latour. Ici, la jeunesse et l'éclat du modèle sont un peu sacrifiés au parti pris d'un peintre savant et consciencieux qui voit la plus riche nature en gris. M. Jalabert, lui, dispose d'une palette variée. Il traite sérieusement la haute taille, le visage énergique et la belle barbe grisonnante de M. R..., et il caresse avec la tendresse d'un vieil ami le bon petit museau, tendre et frais, de Blanche Gérome.

M. Yvon, qui a eu son heure de célébrité, expose, comme d'ordinaire, deux portraits un peu trop lâchés, mais vifs et brillants. Aujourd'hui, c'est le docteur Fauvel, la providence des ténors pris à la gorge, et l'excellent M. Bertin, sous-directeur de l'École normale. M. Gabriel Ferrier a un peu desséché et refroidi la tête intelligente et sympathique du maître émailleur Claudius Popelin. M. Jules Badin a doté sa jolie fillette d'un portrait qu'elle fera bien de garder soigneusement, comme la prunelle de ses beaux yeux. Je regrette que M. Guillaume Dubufe, fils et petit-fils de portraitistes renommés, ait cristallisé dans une peinture sèche et triste trois enfants dont les deux aînés ont un peu l'air de filles *en travesti*. L'artiste a gardé pour lui la jeunesse et la bonne humeur dont il est largement doué; c'est dommage. M. Duez a fait souvent et fera souvent mieux que son portrait de M. de Neuville. M. Zo a inutilement amaigri et matagrobolisé la figure si fine et si sympathique de M. de Freycinet; nous ne le savons pas si malade, cet aimable homme et ce ministre qui reviendra. M. Gustave Courtois sort du pair en exposant un excellent portrait de fillette.

Un jeune homme à peu près inconnu, M. Crochepierre (notez ce nom pour l'an prochain), nous apporte de Villeneuve-sur-Lot, pays sans école, deux portraits curieux, qui participent un peu du grand Holbein et beaucoup du méticuleux Denner. On dit que l'artiste a vingt ans : il ira loin, s'il prend le bon parti et s'il sait rester dans le

vrai sans tomber dans la minutie. M. Vély
est toujours le fin coloriste à qui nous avons
décerné une médaille de 2ᵉ classe l'an passé;
mais il a tort de loger les yeux de ses modèles dans un noir qui fait trou. La comtesse
de M. Boldini est vraiment élégante; mais
le comble de l'élégance serait d'avoir des
ombres un peu plus propres : les jolies
femmes de notre temps ne font pas leur toi-
lette dans la boutique du charbonnier. Je
dois citer avec éloge la tête de notre cher
maître Henri Martin par M. Laugée, les
deux portraits de M. Saintpierre, les enfants
de mon ami Pailleron, esquissés vivement,
mais seulement esquissés, et assez mal mis
en toile par M. Sargent; le maître d'armes
italien, portrait moderne antidaté par M. de
Pury; une curieuse pochade de Mˡˡᵉ Feurgard, la jeune dame en velours noir de
M. Arcos, le jeune homme de M. Bassot,
et le beau vieillard de M. Zier. Avec la
meilleure volonté du monde, je ne saurais
donner qu'un certificat de laideur et de vul-
garité aux deux amies que Mˡˡᵉ Breslau nous

présente dans un affreux barbouillage, et
que le jury a cru devoir honorer d'une mention. Quant aux deux toiles de M. Manet,
le public en a fait justice. Nous qui nous
sommes imposé la tâche ingrate de réagir
contre les engouements de l'ignorance et les
bravades de la camaraderie, nous estimons
que les juges élus par le suffrage universel
ont invalidé tous leurs choix et cassé toutes
leurs sentences en décernant la seconde médaille aux pires productions d'un artiste qui
n'a pas toujours été si mauvais. C'est une
mauvaise action que cette récompense scandaleuse dont trois hommes de talent sur dix-
sept juges ont endossé la responsabilité.
Vous n'avez pas le droit, Messieurs, de laisser croire aux rapins inexpérimentés que l'on
peut obtenir des médailles et prendre rang
parmi les artistes de premier ordre sans ap-
prendre ni la composition, ni le dessin, ni
la couleur, et sans produire rien qui vaille.

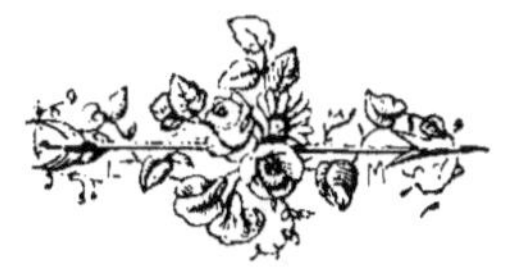

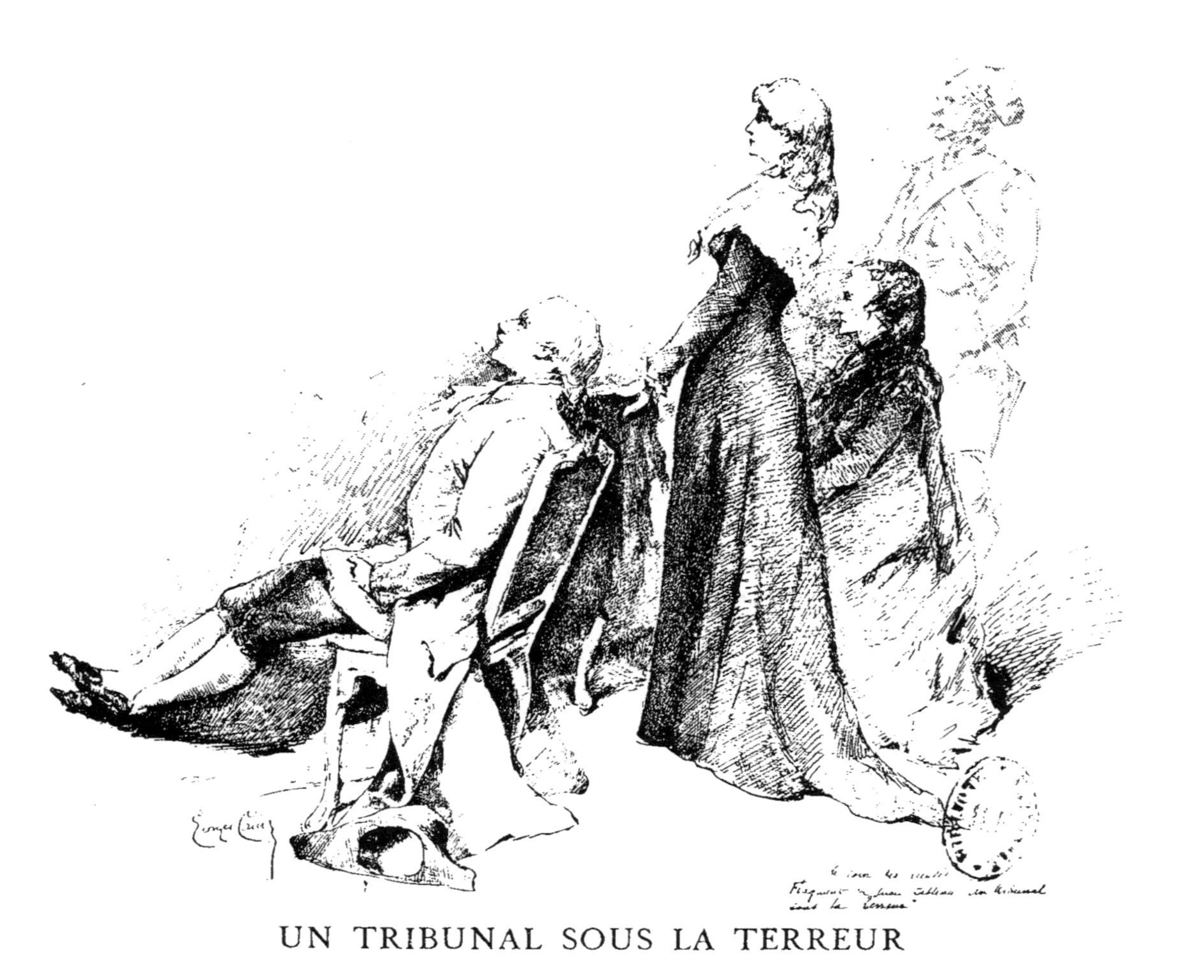

UN TRIBUNAL SOUS LA TERREUR

(Groupe des accusés)

PAR GEORGES CAIN

HUITIÈME JOURNÉE

Peinture de genre.

MM. BASTIEN-LEPAGE, SCHERRER, DELANCE, GEORGES CAIN, BETTANIER, BOMPARD, RENOUF, DE NEUVILLE, L.-L. COUTURIER.

L'OPTIQUE du Salon fait d'année en année un plus grand nombre de victimes. Pour se pousser en avant, dans une cohue, il faut non seulement jouer des coudes, mais se hausser sur la pointe des pieds. C'est ce qui nous explique l'erreur, souvent très volontaire et réfléchie, de peintres expérimentés, d'hommes de goût discret et délicat, qui forcent leurs moyens et sortent de leur spécialité pour faire trou. Ne faut-il pas avant tout frapper la foule, contraindre l'attention d'un public d'autant plus incompétent qu'il est plus nombreux, tirer à soi les yeux ignorants et voraces du suffrage universel ?

Cette fatalité navrante, lorsqu'elle n'éloigne pas du Salon des artistes de premier ordre, comme Meissonier, fait dévier certains talents des plus originaux et des plus sympathiques. Je vous demande un peu pourquoi M. Bastien-Lepage, le plus jeune des peintres arrivés, le plus divers dans son inépuisable production et non pas le moins original de sa fournée, s'est imposé la tâche de peindre une espèce de Labre avant la canonisation, un mendiant vulgaire, vicieux, haineux et sale, et dans quel intérêt ce peintre délicat jusqu'aux derniers raffinements nous présente, sur le plat d'or de son exécution merveilleuse, des haillons, des sabots, des volets, des murs de village, tout cela grand comme nature? Du temps qu'il y avait encore une Académie des beaux-arts, il y a un demi-siècle, l'Institut faisant fonc-

tion de jury eût refusé cette œuvre de grand
mérite, sans contester le talent de l'artiste,
uniquement pour maintenir la tradition, la
logique, les principes supérieurs. Eût-il bien
ou mal fait? Je ne veux pas le dire, mais
j'affirme que M. Bastien-Lepage a tort de
délayer la matière d'un excellent petit tableau
de genre sur une grande coquine de toile
que nous ne voudrions, ni vous ni moi,
accrocher dans notre modeste galerie.

Chaque département de l'art a ses lois et
ses limites. Lorsque le genre confine à l'histoire, quand l'importance et l'intérêt de la
composition légitiment la superficie d'un
vaste tableau, nul n'est tenté de chercher à
l'artiste une querelle d'Allemand. L'assas-
sinat du maréchal Brune, par M. Scherrer,
est traité dans les justes proportions du genre
historique. On pourrait réduire à moitié ou
au quart d'exécution cette œuvre mâle et
forte sans lui faire rien perdre de sa valeur,
car elle ne contient pas un morceau peint
de main de maître; mais nous l'acceptons
volontiers dans ses dimensions actuelles

comme l'effort d'une jeune ambition que l'avenir justifiera. Sans doute le tableau est un peu grand, mais le drame est si pathétique et la sève qui circule dans cette composition est si généreuse que le critique dépense toute sa férocité dans un cordial bravo !

Bravo, Scherrer ! Bravo, Delance ! Le *Retour du Drapeau,* inspiré par quelques beaux vers du poète le plus français de notre temps, Paul Déroulède, est une œuvre à la fois vaillante et gaie. Elle marque joliment l'aurore d'une résurrection nationale où le patriotisme, en deuil depuis dix ans, renaît à l'espérance. La mise en scène est chaude et gaillarde ; elle réunit dans un même sentiment tous les âges et toutes les conditions de la France contemporaine. Cependant, comme il n'y a là qu'une seule figure historique, la sainte image du drapeau, j'estime que tout le mouvement et toute la couleur de cet excellent tableau pouvaient se concentrer sur une toile de dimensions plus restreintes. Le *Tribunal révolutionnaire,* de M Cain, avec sa mise en scène dramatique,

ses types bien choisis et ses costumes savamment étudiés, est dans une plus juste mesure.

Un Lorrain de Metz, M. Bettanier, a cru,
dans son patriotisme, qu'il n'y avait pas de
toile trop grande pour exprimer le noble et
religieux recueillement de nos chers annexés
devant les tombes françaises de Gravelotte.
Eh bien, je le lui dis avec beaucoup d'estime
pour son jeune talent et plus de sympathie
encore pour son intention, il s'est trompé
de quelques mètres carrés. Certes, la composition est logique et la pensée heureuse ; les
quatre figures qui prient au milieu du tableau
sont de bonnes études, plantées dans un
paysage très vrai. Mais les deux jolies têtes
de la fille et de l'enfant ne suffisent pas à
remplir et à justifier un tableau plus vaste
que le *Saint Symphorien* de M. Ingres ou
quatre paysages de Nicolas Poussin cousus
ensemble.

Où la disproportion du cadre et du sujet
devient positivement choquante, c'est quand
le peintre, comme M. Bompard, semble

avoir fait la gageure de traiter en tableau d'histoire un sujet de la vie intime, familière, moins que bourgeoise, comme le *Début à l'atelier*. Quelle dépense de couleurs fines, et même de fin talent, pour dire peu de chose ! Tout est vrai là dedans, et bien étudié : l'embarras du jeune modèle maigrelet qui tremble de montrer ses salières ; l'air assuré de la mère ou de la meneuse accoutumée à promener sa marchandise à travers les ateliers ; l'indifférence du peintre, qui en a vu tant d'autres ; l'air gouailleur de la fille, en robe japonaise, qui se vautre sur le divan et qui est là comme chez elle. Les accessoires de toute sorte qui encombrent l'atelier sont peut-être rendus avec plus de vivacité que les figures. C'est une vraie débauche de nature morte qui nous étonne, qui nous séduirait sans l'abus inconsidéré du noir et ce poussier de charbon tamisé sur toutes les ombres. Somme toute, un joli tableau, curieux, intéressant, mais trop grand, et dont je cherche en vain la place, soit dans les habitations particulières, où l'on cherche surtout l'agrément et la clarté, soit dans les musées, où l'État ne doit accrocher que des ouvrages enseignants, destinés à l'initiation du public et à l'instruction des jeunes artistes.

Le *Coup de main*, de M. Renouf, nous montre une fillette de vieux marin qui rame ou croit ramer avec son père. La conception est gracieuse, les deux têtes bien rencontrées et bien peintes, le paysage riant et gai. Mais trop de toile, toujours trop de toile! Les vrais peintres de genre n'en consomment pas tant.

Voyez plutôt les deux tableaux si dramatiques et si puissants de M. de Neuville. L'un représente une fin de bataille, le moment où les Allemands, après avoir tué tous nos soldats, sauf quelques prisonniers blessés qu'on voit là, debout contre un mur, n'ont plus guère qu'à se massacrer les uns les autres. L'action est ferme, serrée, corsée, le tableau plein comme un œuf. Ce malheureux cimetière de Saint-Privat, où les Allemands auraient eu le droit d'enterrer dix

mille des leurs, comme maîtres du champ
de bataille, s'est gravé pour toujours dans
notre esprit, tel que le bon Alphonse de
Neuville le peint dans son admirable tableau,
où « le combat finit faute de combattants ».
Un autre drame, moins historique et non
moins héroïque, est rendu avec une énergie
poignante dans l'interrogatoire du *Porteur
de dépêches*. Ici, il n'y a qu'un héros, et des
plus humbles : un sous-officier déguisé en
paysan, qui se flattait, hélas ! de traverser les
lignes prussiennes et de porter à Bazaine
une de ces dépêches dont Bazaine allumait
son cigare ou sa pipe. L'homme, le soldat,
le Français (ce n'est pas, vous l'entendez
bien, M. Bazaine), est tombé dans une pa-
trouille ennemie, traîné devant un état-major
allemand qui boit, qui fume et qui juge en
dernier ressort à la porte d'un cabaret. Ne
craignez point que l'affaire traîne en lon-
gueur ; on sent que le piquet d'exécution
n'est pas loin. Ce beau, brave et robuste
garçon, né pour vivre cent ans, sera fusillé
dans dix minutes. Il le sait, il ne bronche

pas : il a fait au devoir, au pays, au drapeau, le sacrifice de son sang. Je ne veux pas insister sur le mérite spécial, c'est-à-dire patriotique, de ce tableau, qui devrait être gravé par les Goupil et répandu à dix millions d'exemplaires dans toutes les chaumières de France. Il ne s'agit ici que de dessin, de couleur, de mérite intrinsèque et purement technique. Eh bien, malgré quelques traits d'exagération, et quoique deux ou trois de ces vainqueurs soient imperceptiblement chargés par le patriotisme du peintre, j'estime que ce tableau ferait bonne figure entre la *Porte de Constantine* et la *Barrière de Clichy*, ces deux chefs-d'œuvre d'Horace Vernet. Il n'est inférieur ni à l'un ni à l'autre par la composition, l'observation, l'intention, l'esprit, et il est infiniment supérieur à tous les deux par l'exécution. Les autres sont des tableaux de conteur vif et distingué ; celui-ci, par surcroît, est un tableau de peintre.

On retrouve quelques-unes des qualités de M. de Neuville dans le *Récit* de M. Léon-

Lucien Couturier. Moins d'art et moins d'expérience, cela va de soi, mais beaucoup d'observation. Et puis ce tableau (et c'est peut-être pourquoi je l'aime tant) fleure véritablement le soldat.

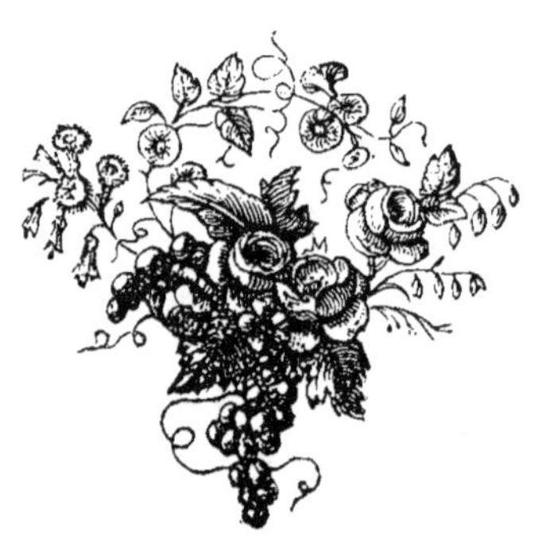

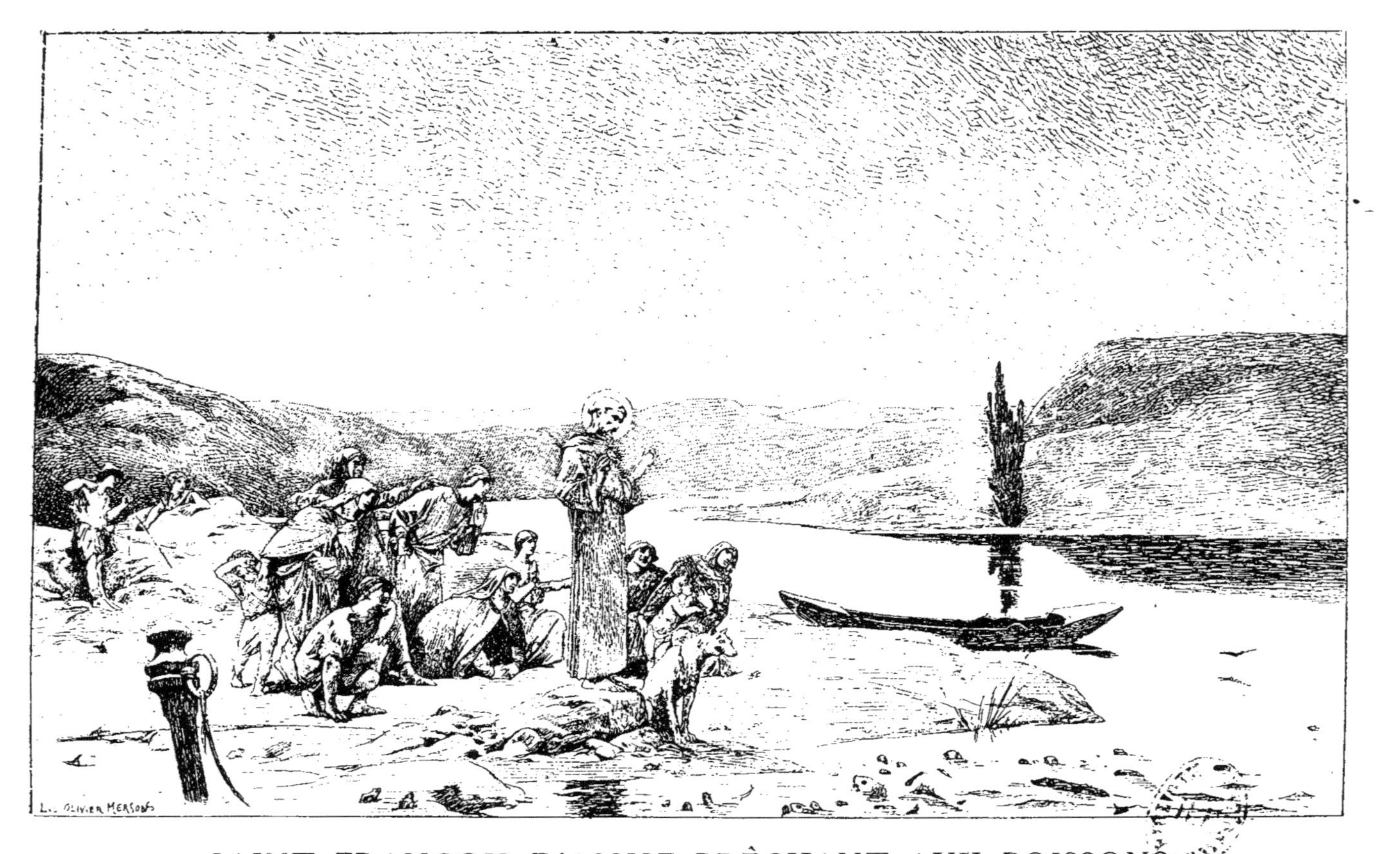

SAINT FRANÇOIS D'ASSISE PRÊCHANT AUX POISSONS

PAR LUC-OLIVIER MERSON

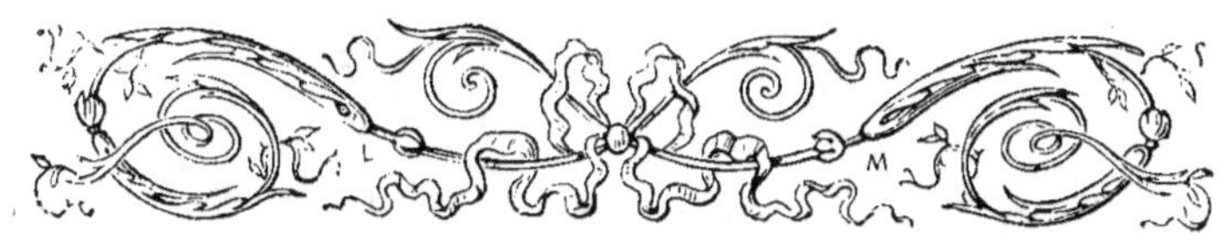

NEUVIÈME JOURNÉE

Peinture de genre.

(Fin.)

MM. BROZIK, ALEXANDRE CABANEL, L.-O. MERSON, VIBERT, G. FERRY, DANTAN, PASINI, BUTIN, AUBLET, CHASE, BEYLE, A. PERRET, BENJAMIN CONSTANT, BERNE-BELLECOUR, FRAPPA, LOUSTAUNEAU, GEOFFROY, BRISPOT. SALZEDO, GŒNEUTTE, L. CARRIER-BELLEUSE, HAQUETTE, BERTIER, Mme L. ENAULT, H. DUBOIS, BULAND, ISRAELS, ARTZ, KRAYER, ETC.

UN concitoyen de l'excellente bière de Pilsen, M. Brozik, cultive avec un incontestable talent ce domaine, voisin de la peinture d'histoire, où Paul Delaroche, Horace Vernet, Gérome, Robert-Fleury, Léopold Robert, Delacroix,

Jean Gigoux, et M. Ingres lui-même, en ses loisirs, ont fait des chefs-d'œuvre. Il traite l'anecdote en érudit, en homme de goût, en dessinateur expérimenté, en peintre sûr de ses moyens. Le *Christophe Colomb à la cour d'Isabelle la Catholique,* la *Présentation de Pétrarque et de Laure à l'empereur Charles IV,* sont des ouvrages de longue haleine, pleins de choses, dignes d'être vus, revus, étudiés de près dans une galerie privée ou publique. Ici nous sommes à cent lieues de la peinture improvisée qui séduit l'œil par la fraîcheur des tons et l'éclat des effets, mais dont on se fatigue vite, car on a bientôt consommé le peu que l'artiste y a mis. J'estime toutefois que les tableaux de M. Brozik seraient meilleurs s'ils étaient moins uniformément achevés, si la perfection des moindres détails n'engendrait une certaine monotonie ; si l'artiste, en un mot, se résignait à sacrifier quelque chose à l'effet général. Qu'il essaye de faire un peu moins bien, je lui réponds qu'il fera mieux.

M. Alexandre Cabanel a traité la *Scène des coffrets* de Portia avec sa science impeccable et sa dextérité bien connue ; mais ce n'est pas dans une interprétation de Shakspeare qu'il est permis de pousser la distinction jusqu'à la fadeur. M. Luc-Olivier Merson, peintre religieux qui donne volontiers dans le miracle, a traité avec un goût exquis la légende de *Saint François d'Assise* prêchant aux poissons. L'exécution de cette petite toile est fine et serrée, la couleur y a plus d'accent que dans les grandes compositions du jeune artiste : voici peut-être son meilleur tableau.

M. Vibert a toujours trop d'esprit, et il continue à lécher outre mesure. Rien de plus original que son *Atelier le soir,* avec ce grand diable de modèle en soudard, éclairé par la lumière électrique ; mais l'excentricité de l'effet passe toute mesure, le disque blanc crève les yeux, et l'effet si savant, si consciencieusement étudié, choque l'œil plus qu'il ne l'attire. La première qualité d'un tableau est de flatter le sens auquel il s'adresse.

Dans la *Répétition sur un théâtre d'amateurs,*
les intentions heureuses fourmillent et les
jolis détails foisonnent, mais la composition
est disloquée, l'œuvre ne se tient pas. Avec
beaucoup moins de savoir et d'expérience,
un jeune homme, presque un débutant,
M. Georges Ferry, montre autant d'esprit et
un goût plus sûr. Sa *Réunion littéraire sous
le premier Empire* a le charme d'une évocation
discrète et souriante ; on en tirera sans nul
doute une des plus jolies gravures de l'an
prochain. Le *Déjeuner du modèle,* par M.
Dantan, est moins saisissant, plus fade, plus
lavé, que le *Repos du modèle.* Ses modèles
ne sont pas des fétiches qui portent toujours
bonheur, et d'ailleurs ce n'est pas dans la
jeunesse, à l'âge du « long espoir et des
vastes pensées », qu'il faut tirer deux mou-
tures du même sac.

M. Pasini se soutient ; il n'a rien perdu
de son talent si vif et si brillant, mais peut-
être ne se renouvelle-t-il pas assez. La *Halte
à la mosquée* est un tableau charmant, mais
je ne peux l'admirer sans réserve, parce qu'il

m'en rappelle plusieurs autres, non moins charmants, que j'ai déjà vus.

Le *Départ* de M. Butin ne rappelle que de bien loin les *Pêcheurs vénitiens* de Léopold Robert. Pas plus de mélancolie que sur la main ! Mais une ancre raccommodée par le forgeron du village, de l'eau dans deux barils, un pain, des lignes dans un panier, de la force musculaire, une philosophie chrétienne ou fataliste, mais active et robuste ; en un mot, tout ce qu'il faut pour faire une marée au large et rapporter quelques mannes de poisson. Les braves gens sont très vivants et très vrais, et le paysage où ils se meuvent est beau dans sa simplicité.

M. Aublet s'est amusé à peindre la *Salle d'inhalation au mont Dore* en homme que les vestales d'Hector Leroux sont venues tirer par les pieds. On se demande à première vue si l'on a devant soi des ombres ou des Romains antiques, et sans la redingote du médecin on hésiterait un moment. Plaisanterie à part, l'œuvre est très joliment enlevée et digne de l'auteur du *Lavoir des réservistes*.

M. Richter, fidèle au mélodrame et à la lumière artificielle, s'en donne tout son soûl dans une scène d'Othello. Aimez-vous la couleur et le mouvement? En voilà. Dans un cadre trois fois trop grand, un jeune Américain, M. Chase, s'est donné le plaisir d'étonner les bourgeois de la vieille Europe. Il nous montre ou plutôt il nous cache un *Fumeur* qui a tant fumé qu'il a fini par enfumer tout le tableau. Ce personnage, qui laisse voir très peu de son visage, est assis sur un vieux fauteuil dont le dossier, en médiocre état, remplit la moitié de la toile. N'importe: cette harmonie tabagique ne manque pas de charme, et l'auteur de cette œuvre étrange n'est pas le premier venu. M. Beyle a fait de grands progrès. Ses *Pêcheuses de moules,* dont l'une est cette fille du Pollet qui posa autrefois devant M. Vollon, sont deux figures bien campées et largement peintes. Ce qui m'étonne un peu, c'est que, dans un canton de pêche où la moule surabonde au point de masquer les rochers, ces dames aient choisi une place où l'on n'en voit pas. Ajoutons que le tableau, tout bon qu'il est, ne perdrait rien à être réduit de moitié. Il est pourtant infiniment moins disproportionné que le *Semeur,* de M. Aimé Perret, qui « marche dans la plaine immense » sur un rythme admirable de Victor Hugo. La peinture a le droit de traduire la poésie, mais il faut qu'elle s'inspire de son esprit. Sinon, elle ne fera que la travestir. Il n'y a rien de commun entre le semeur du poète et ce gros boulanger ventru à tête de veau qui ensemence une terre horriblement mal labourée. Et quant à la concierge œdémateuse qui tire la herse au second plan, elle pourra tirer ainsi pendant un mois sur les mottes énormes sans herser un are au total. M. Perret est un exécutant habile, il peint bien ; mais ce n'est pas tout de bien peindre, il faut penser à ce qu'on fait, choisir ses types, composer une action vraisemblable.

Celle que M. Benjamin Constant a mise en scène sous le titre de *Passe-temps d'un calife* ne doit pas être arrivée souvent, même à Séville, pendant le treizième siècle. Si calife que l'on soit, on ne met pas un tigre aux prises avec des serpents venimeux, comme on regarde deux tourterelles se becqueter, sans prendre aucune précaution pour soi-même. Les rajahs modernes, qui ne haïssent point les combats d'animaux féroces, n'assistent à la tragédie qu'en loge prudemment grillée. Mais, une fois la vraisemblance mise à part, il faut tout louer dans ce tableau, l'arrangement, le choix des types, l'exactitude et la beauté de l'architecture, et surtout la couleur, une couleur de virtuose consommé.

Ce n'est pas la couleur, c'est le mouvement et l'expression, que je goûte surtout dans la peinture militaire de M. Berne-Bellecour. L'*Attaque du château de Montbéliard* fera chez les Goupil une belle page d'héliogravure et perdra fort peu de chose à la traduction. On fera encore de jolies gravures d'après le *Dîner improvisé,* de M. Frappa ; *Madame la Générale,* de M. Loustauneau ; la *Petite Classe,* de M. Geoffroy, et son *Quart d'heure de Rabelais.* Les cinq bonshommes que M. Brispot a réunis sur un banc, *En province,* ne sont pas mal étudiés ; mais le tableau, triste de ton, est trop grand pour une caricature. Le *Plaidoyer,* de M. Salzedo, renfermé dans de sages limites, montre beaucoup de vie et de chaleur. Dans la *Criée,* de M. Gœneutte, et la *Remise,* de M. Carrier-Belleuse, tableaux d'un naturalisme hardi, les curieux mystères des Halles de Paris sont spirituellement saisis et rendus ; M. Louis Carrier-Belleuse a tort d'abuser du noir, mais il se débarbouillera comme M. Haquette, qui commence à peindre plus légèrement. L'*Intérieur de la mère Panotte* est le meilleur ouvrage du jeune artiste. M. Bertier, un de nos peintres les plus méritants et les moins récompensés, nous montre une bien jolie *Mignon* à côté d'un excellent portrait de M. C. K., et Mme Louise Enault, dans ce tableau de la *Guirlande* dont les fleurs manquent un peu d'éclat, fait preuve d'un vif sentiment de l'élégance honnête et de la beauté chaste. La *Romance,* de M. Hippolyte Dubois, nous rappelle très agréablement M. Toulmouche, ce peintre de goût délicat et de main presque féminine qui n'expose plus assez souvent.

Un pensionnaire de l'Académie de Rome, M. Buland, expose, avec une *Annonciation* assez drôlette, une scène de mœurs villageoises mal conçue et piteusement exécutée. On y voit une paysanne pervertie fumer la cigarette, *Après deux ans d'absence,* au milieu de ses parents ahuris. Si la villa Médicis se mettait à nous envoyer tous les ans beaucoup d'ouvrages de ce caractère, il ne serait pas inutile de la fermer.

Parmi les étrangers que l'Exposition de 1881 a mis en lumière, je ne cite pas M. Israëls qui est en pleine possession de la renommée, comme les deux Stevens, Willems et Alma Tadéma. Il suffit de dire en passant que l'*École de couture* est un petit bijou de l'école hollandaise. Mais je dois saluer la renommée naissante et le légitime succès de M. Artz. L'*Hospice des vieillards* nous fait connaître en lui un digne élève d'Israëls. M. Krayer, un Danois qui a passé par l'atelier de Bonnat, déploie une verve enragée et une vigueur presque féroce dans son *Chapelier de village*. On dirait une scène de l'Inquisition. Enfin un Belge absolument inconnu à Paris, M. Verhaz, nous a prouvé par sa *Revue des écoles* qu'on peut grouper quelques centaines de portraits dans un véritable tableau, parfait d'ensemble et harmonieux de tout point. M. Verhaz nous apprend aussi qu'on peut mettre beaucoup d'esprit dans une peinture officielle, ce que les Parisiens n'avaient pas encore démontré.

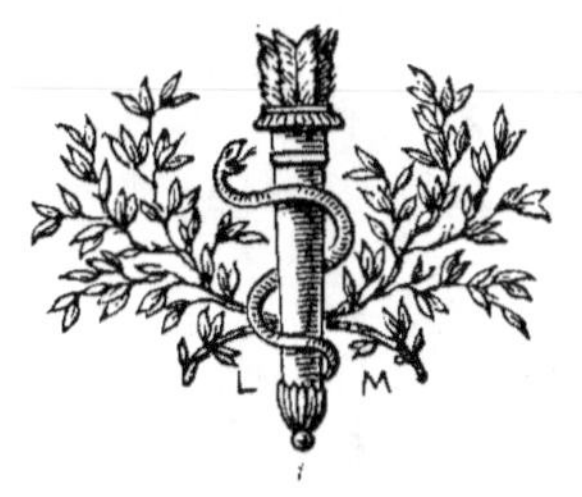

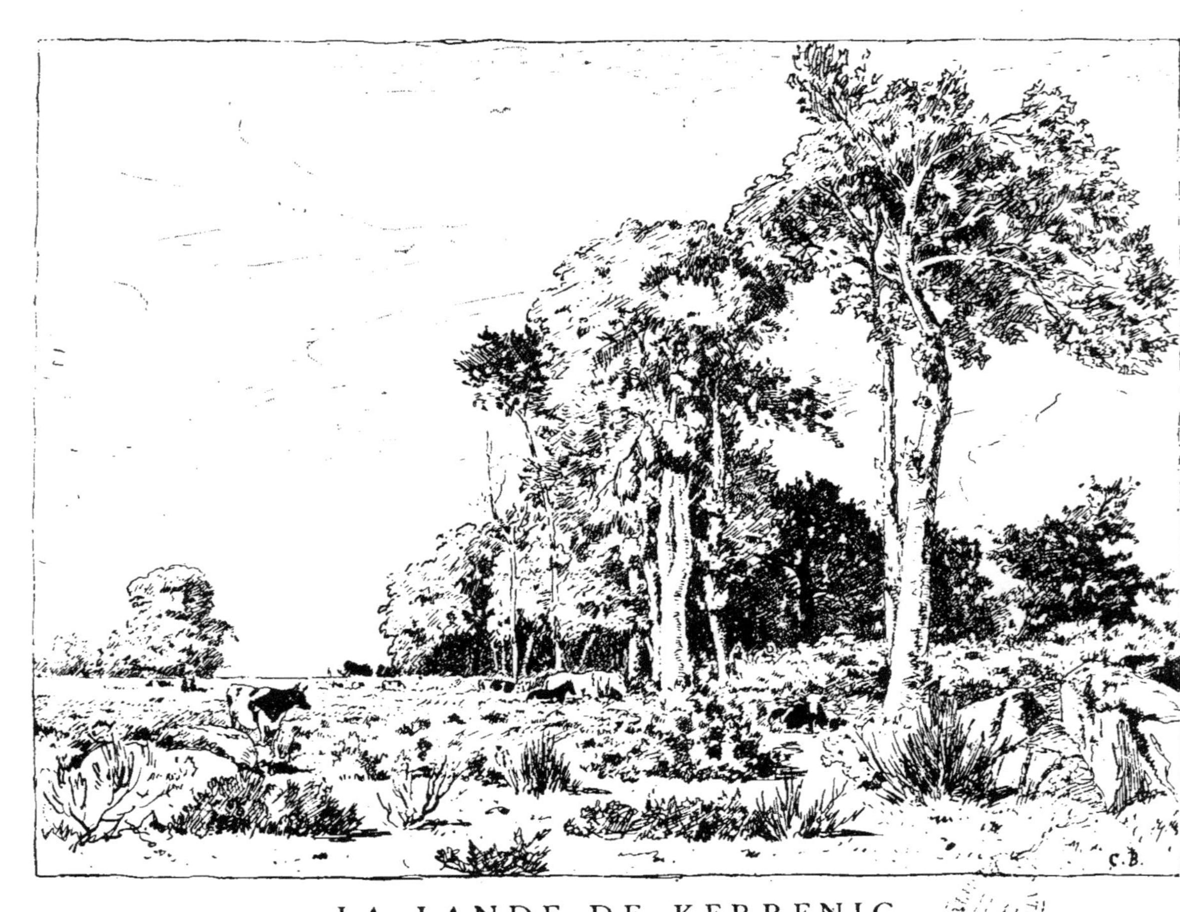

LA LANDE DE KERRENIC

DIXIÈME JOURNÉE

Paysages.

MM. L. HERPIN, C. BERNIER, LANSYER, L. FLA-
HAUT, J. DUPRÉ, JOURDAIN, BEAUVERIE,
DEMONT, VERNIER, HANOTEAU, LAVIEILLE,
E. BRETON, PELOUSE, VUILLEFROY, VAN
MARCKE, JEANNIN, Mme DESBORDES, H.-G.
MARTIN.

L'ART inférieur, mais charmant, du paysage, a subi en peu d'années des pertes irréparables, ou du moins qui ne seront pas réparées de longtemps. Théodore Rousseau, Daubigny, le père Corot, sont morts sans héritiers, et ce pauvre Léon Herpin, qui semblait appelé à recueillir une bonne part de leur succession, nous a été ravi par une maladie foudroyante dans toute la vigueur de son talent, avant d'avoir donné le demi-quart de ce qui était en lui. Les deux tableaux que sa digne veuve a exposés, et surtout cette vue du *Port de la Villette* qui méritait de décorer la mairie du XIXe arrondissement, ne peuvent qu'exaspérer nos regrets en affirmant les qualités supérieures du modeste et vaillant peintre qui n'est plus.

Il nous reste des maîtres en petit nombre, presque tous contestés, car c'est surtout dans le paysage qu'il ne faut pas disputer des goûts et des couleurs. Après M. Français, ce savant éclectique et noble, qui peint comme on professe en Sorbonne, avec une superbe infaillibilité, la première place appartient, si je ne me trompe, à M. Camille Bernier. M. Bernier n'est pas de ceux qui se jettent sur un coin de campagne, bien ou mal choisi, et s'y enfoncent jusqu'aux oreilles, à la mode des veaux et des poulains de la vallée d'Auge. Il y a dans son talent une forte dose de philosophie, et l'essence dont il fait emploi se mélange de quintessence.

Lorsque ce faux Breton (il est Alsacien de Colmar) nous sert sur toile la *Lande de Kerrenic,* il s'y prend de façon à contenter absolument les vieux touristes comme nous qui ont pratiqué la Bretagne et qui l'aiment. La lande de Kerrenic n'est qu'un accident, un détail, mais la lande en général, avec ses eaux stagnantes, ses herbes, ses genêts, ses chênes, ses fossés, ses bêtes à cornes, ses indigènes naïfs et pittoresques, est une des faces les plus originales de la patrie française. L'homme qui réussit à loger entre les quatre lignes droites d'un cadre une synthèse si complète et si parfaite est plus qu'un exécutant, mieux qu'un dilettante, il est bien près de passer maître.

La *Fin de la tempête,* par M. Lansyer, est un tableau composé de la même façon, une réunion de détails choisis avec soin, voulus, caractéristiques. Et l'art, aussi savant que dans un paysage historique, se cache; vous croiriez à première vue qu'on a simplement copié d'après nature un tableau tout fait. L'apprêt est nécessaire en peinture comme dans tous les arts, mais les derniers représentants du paysage classique, les Paul Flandrin, les Bellet, les Curzon, le laissent un peu trop paraître. On voit dans chacun de leurs tableaux non seulement le mal qu'ils se sont donné, mais encore le temps qu'ils y ont mis. Il est rare que cette peinture si consciencieuse et si savante ne prenne pas les tons gratinés d'un ragoût oublié sur le feu. Voyez le *Temple d'Érechthée*, de M. de Curzon, et le *Ravin de Constantine*, de M. Bellet. Voyez aussi la *Vallée du Loing*, de ce docte et robuste Harpignies.

L'art est tout aussi grand, mais mieux dissimulé, dans des compositions qui semblent s'être faites toutes seules, comme le *Retour à la ferme*, de M. Léon Flahaut, ou la *Récolte des foins*, de M. Julien Dupré. M. Flahaut a l'esprit tourné naturellement au grandiose ; les vastes horizons l'attirent ; la profondeur des bois, les ombres flottantes du crépuscule, n'ont pas de mystères pour lui. M. Julien Dupré, qui s'élève à l'horizon de l'art avec tout l'éclat d'un soleil de juin, dessine beaucoup mieux que le commun des paysagistes. Les figures de son tableau n'ont pas seulement la tournure et le mouvement, elles sont exécutées comme il faut, dans la juste mesure que commandent les dimensions de l'ouvrage. J'en dirai presque autant des *Haleuses,* de M. Jourdain ; mais M. Beauverie, dans sa *Cueillette des pois,* nous montre des poupées d'un sou qui gâteraient le meilleur paysage.

Le *Bras de mer à marée basse* et les *Landes du Finistère* nous font voir sous deux aspects nouveaux le talent simple et varié de M. Demont. M. Vernier, le savant lithographe, qui a mis dix ans à devenir peintre, sort décidément du pair avec ses *Dunes de Roscoff* et ses *Varechs* de Concarneau. M. Hanoteau a enlevé d'une main leste et fringante cette maison rustique et ce champ de coquelicots qu'il appelle gaiement *Mon Jardin.* La *Crue de la Corbionne,* par M. Lavieille ; les *Vieux Saules,* de M. Émile Breton ; *Inondation en Hollande,* de M. Pelouse, ne nous révèlent rien de nouveau sur le talent d'artistes connus et classés en première ligne. En revanche, les chevaux de M. Vuillefroy et les vaches de M. Van Marcke font comme une explosion de talent au milieu de la médiocrité générale de nos peintres d'animaux. M. Van Marcke, on le sait, est le meilleur élève de Troyon. Le voici qui approche de son maître à le toucher.

M. Jeannin, avec son *Intérieur de serre,* et Mme Desbordes, avec le *Songe de l'eau qui sommeille,* dépassent tous nos peintres de fleurs, sauf Philippe Rousseau, le vieux maître de la nature morte. Un jeune inconnu, M. Martin (Henri-Guillaume), étale, sous le titre de *Peinture décorative,* un admirable fouillis de choses étincelantes. Ce n'est pas le dessin savant et la perfection absolue de Blaise Desgoffe, qui peint comme Racine écrivait ; mais, devant cette grande toile, j'ai senti quelque chose comme l'éblouissement d'une page de Victor Hugo.

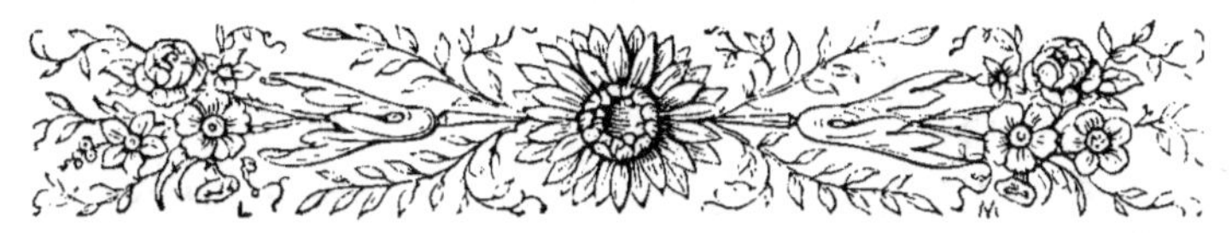

INDEX

DES NOMS D'ARTISTES

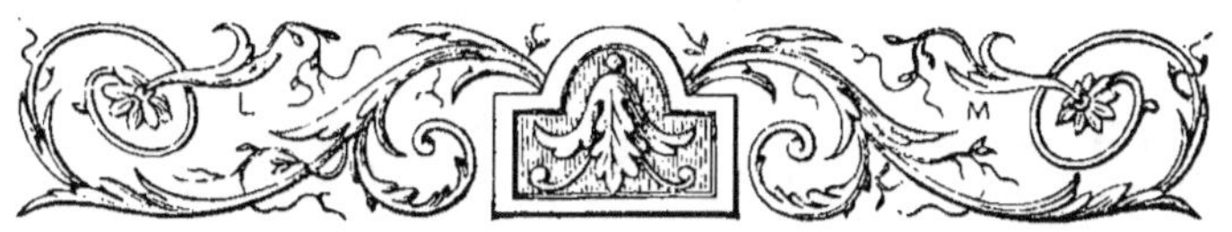

TABLE

A PARIS

DES PRESSES DE D. JOUAUST

RUE SAINT-HONORÉ, 338

M DCCC LXXXI